あなたの中の「天才」の見つけ方

人生を最適化する 9つのジーニアスタイプ

トニー・エストゥルク

山本朝子［訳］

KADOKAWA

GENIOTIPO
by Tony Estruch

https://tonyestruch.com/

Translation rights arranged by Sandra Bruna Agencia Literaria, SL
through Japan UNI Agency, Inc., Tokyo

天賦の才（ジーニアス）とは鉱山に眠る宝、
才能（タレント）はその鉱山の採掘者である。

――マーガレット・ガーディナー
（作家、ブレッシントン伯爵夫人）

あなたの中の「天才」の見つけ方［目次］

9つのジーニアスタイプ

1 ∞ INFINITY

無限〈インフィニティ〉――新たな道を示す

SQUARE

正方形〈スクエア〉——実用主義(プラグマティズム)と理論

3

ELLIPSE

楕円〈エリプス〉——夢を生む人

TRIANGLE

三角形〈トライアングル〉——売る力と共感力

CIRCLE

円 〈サークル〉――無条件の愛

RECTANGLE

長方形 〈レクタングル〉——たゆまぬ努力

7

PENTAGON

五角形〈ペンタゴン〉——配慮し手当てする

RHOMBUS

ひし形〈ランバス〉——超越的なものに親しむ

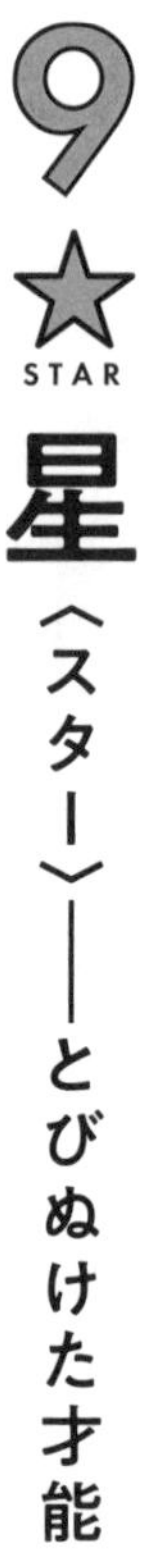

9 STAR 星〈スター〉——とびぬけた才能

ジーニアスを解き放とう

10 ジーニアスを目覚めさせる

11 教育の異常

12 人間関係におけるジーニアスタイプ

13 スーパーマンを生み出す

14 情熱を燃やそう

15 才能と人生

翻訳協力　株式会社トランネット
https://www.trannet.co.jp/
ブックデザイン　菊池 祐
ＤＴＰ　エヴリ・シンク
校正　あかえんぴつ

はじめに——才能の核心へ

光栄にも、本書で紹介される先駆的な概念の誕生に立ち会うことができ、この序文を書かせてもらっている。

私が本書の著者のトニー・エストゥルクと出会ったのは、彼の主催する瞑想大会に参加したときだった。あのとき、私は自宅、彼はピアノのあるスタジオにいて、1時間ほどの会だった。

私は仏教に関心があり、これまで3回のリトリートとMBSR（マインドフルネスストレス低減法）プログラムを受けたことがある。長時間じっと座っていなければならない瞑想は、私にはつらく、坐布（ざふ）に腰を下ろすとすぐに体中が痛くなり、どうしても苦手だった。おそらく私がしているなかで瞑想に最も近いのは、ピアノを弾いたり、十分な意識をもって野を歩くことだろう。

会の終了後に雑談をしていて、じつはトニーも通常の瞑想作法は苦手で、だからこそ、瞑想をもっとホリスティックなものとして知ってもらいたい、と瞑想大会を開いたのだと語ってくれた。そして話は瞑想と音楽から（彼は優れたピアニストだ）、才能へと移っていった。

この「才能」というテーマに私はずっと大きな関心を寄せてきた。特に本書と同じ出版社から刊行され、現在60か国語に翻訳されている、エクトル・ガルシアとの共著『外国人が見つけた長寿ニッポン幸せの秘密（原題：IKIGAI）』を出してから、関心はいっそう高まっていた。

『IKIGAI』では、人生の目的と実際の計画や取り組みがどれだけ重なっているかを知るため、４つの円を描いてそれぞれの質問に答えていく。

- 自分の大好きなことは何か？
- 自分の得意なことは何か？
- それはお金がもらえることか？
- それは社会から必要とされていることか？

本書のテーマはこれら4つのすべてに関係するが、特に2つめの円とのかかわりが深い。

誰にでも得意なことはある。人は自分の得意なものを知り、世の中に役立てていかなくてはならない。生まれつきの才能があると、それを実践するのは楽しい。そして、それはお金になる可能性が高い。これでIKIGAIの4つの円がすべて埋まる。

さて、トニーとの話に戻ろう。

私は普段から人の生き方に関心があり、自分が話すより人の話を聞いていることのほうが多い。このときも彼に、何か取り組んでいるプロジェクトはあるかと尋ねた。そこで聞いたのが、この9つのジーニアスタイプの話だった。もう何年もさまざまな専門家の協力を得てチームで開発し続けていると明かしてくれたのだ。私はその話にすっかり興奮し、ずっと眠っていた私の物書きシェルパとしてのレーダーが突然作動し始めるのを感じたのだった。

私はこれまで25年間、自己啓発とスピリチュアル関連の仕事をしてきた。初めは翻訳と校正の仕事をしていたが、次第に編集やジャーナリズムの仕事も加わった。書いた本は50冊ほど。普段から自己啓発関連書籍の国際的な潮流を見ているが、多くの原稿を見てきた経験から、たいていの本は誰かの焼き直しで本当に独創的なものを生み出す作家はほんのひと握りしかいないことを知っている。

だから、トニー・エストゥルクの話には本当に驚かされた。私がずっと考えていた「すべての人は天才」という前提に立ち、天才を9つの「ジーニアスタイプ」に類型化していたからだ。人が自分の才能を存分に発揮し、世の中に提供する（そして対価を得る）ためには、まず自分がどんな天才であるかを知らなくてはならない。知らなければ、まるで見当違いの場所でがんばり続けることになる。

これは天才的なアイデアだと思い「きっと大勢の人を力づける本になる」と伝えたのだった。私は久しぶりにシェルパ役を引き受け、トニーはこの本を完成させた。

このジーニアスタイプを知れば、あなたはきっと自分のなかの天才を発見し、才能と能力を思う存分発揮できるようになるだろう。

家族や友人、同僚のジーニアスタイプを知り、相手をよく理解し、天才として活躍する力になることもできるはずだ。

さあ、心躍る冒険を始めてほしい。

愛をこめて。

フランセスク・ミラージェス

ジーニアスタイプとは

どんな人にも必ずどこか秀でたところがあるものです。その自分（または他人）のよさを最大限生かすために、私たちは人間の豊かな能力の最たるもの、「才能」を早急に自分のものとして受け止めなくてはなりません。

自分には何もないと思っている人は多いようですが、人には必ず得意なものがあります。人は、自分の資質を発見し、それを生かして世界に貢献しなければならないのです。本書の扉に引用した19世紀のアイルランドの作家の言うとおり、私たちの宝は自分のなかに眠っています。私たちはその宝をそれぞれ自分で掘り出さなくてはならないのです。「私の才能は何か？」「私にはどんな能力があるのか？」「どうすれば最高の自分になり、世界に喜びや豊かさをもたらせるのか？」——本書では読者のみなさんがその答えを得られるようお手伝いしていきます。

人は、生まれながら誰でも天才なのです。ジャーナリストのマルコム・グラッドウェルが言うように、天才とは「はみ出し者」です。つまり、卓越している人というだけでなく、「丁寧に作り込まれているという点で大量生産品とは一線を画す」存在なのです。これは多くの人が、教育やあきらめ、先入観といった地層の下に長所を埋もれさせているのと対照的です。もし鉱山採掘者に無関係の仕事ばかりさせていれば、鉱脈はいつまで経っても手つかずのままです。

いくら自分を眺めても自分を特別な存在と思えない人が大勢います。自分のすばらしさが見えていないのです。自分を知り己の才能を自覚できれば、その力を発揮でき、内なる黄金が輝き始めるはずです。本書では、自分の才能が発揮できる9つのジーニアスタイプを紹介します。どのタイプにも優劣はありません。

それぞれの才能は、自分自身に備わっているものと自分の適性によって決まる固有のものです。恐れも迷いもせず、これを育てる勇気と優しさがあなたにあれば、それは世界と自分の双方に貢献するすばらしいものになるはずです。

私がジーニアスタイプの研究を始めてから、また、相談者の話を聞くなかでも、「自分はクリエイティブではない」という言葉をよく耳にするようになりました。「料理は得意。でも、それだけ」

「それだけ」とはどういう意味でしょうか？

人には、自分をボイコットしたり自分の力を封印したりする驚異的な力があるようです。たとえ自分をつまらない人間と感じていても、あなたは絵を描いたり、独自の料理を考案したり、話を聞き相手の身になって理解したりしているじゃありませんか。

あるとき、本を10冊も出した経験をもつ青年が自分の才能を知りたいと相談に来たときには、思わず笑みがこぼれてしまいました。もしかすると、私たちも自分の才能を知らずにいるこの作家青年と同じなのかもしれません。

あなたの得意分野は文学や芸術の創作ではないかもしれません。でも、衝突を仲裁したり、つらい思いをしている人に寄り添ったり、人の才能を輝かせるために必要な準備を整えたり、世の中の惨状やうっぷんをやり過ごせるように笑いを誘うのが得意だったりするでしょう。そう、いま挙げたようなことも、私たちの暮らしを快適で幸福なものにしてくれる、なくてはならないものなのです。

どんなに単純に見える才能も、心をこめて全力で取り組めば世界を変えるものになります。自分のジーニアスタイプを知れば、その優れた特徴を人生のあらゆる場面に生かしていけるようになります。

アラジンの魔法のランプのなかに魔人がいるように、私たちのなかには天才が住んでいます。これまであなたの才能が埋もれたままだったのは、こんな原因からではないでしょうか。

- 天才とは自分より才能があり訓練された幸運な人と思い込んでいる。
- いまの自分や状況を乗り越えられないものとあきらめている。
- 自分には十分な才能がない、つまらない才能しかないと思っている。才能がないから自分は有名ではないのだと思っている。
- 制約的で偏見に満ちた教育を受けてきたため（教育については本書の後編で1つ章を割いてお話しします）。

予備知識はこのくらいにして、あなたの人生に革命を起こす本題へ入りましょう。

本書について

人は人生のさまざまな状況から学び、適応しながら生きていますが、それ以前に誰にでも生まれもった資質というものがあります。ただし、それは自覚して自分のためにうまく使えなくてはなりません。各タイプの項目で説明するように、どんな資質にも「闇になる部分」があるからです。

ジーニアスタイプは、自分の可能性を知り伸ばしていくために自分を知るツールであり、心という側面から頭脳にアプローチするものです。生来の力をどう使うかを教えてくれる取扱説明書といってもよいでしょう。自分のジーニアスタイプを知れば、才能を解き放ち偏見を手放すと同時に、自分の闇から身を守ることもできます。

自分自身を知るにせよ、内なる鉱山を掘る誰かの手助けをするにせよ、ジーニアスタイプによってそれぞれの特徴的なパターンを知ることができ、長所を生かしながら短所の落とし穴も避けられます（各タイプの説明には長所と短所、バランスのとり方が紹介されています）。

本書には10年の歳月をかけてさまざまな分野の専門家と共同研究してきた成果が詰まっています。資質や才能をあらゆる側面から取り上げられたのはそのおかげです。

また、人間関係は個人の資質というものが非常に厄介なはたらきをするものであるため、こちらについても1つの章を割いて説明しています。

前編の各タイプ紹介の最後には、自分がそのタイプにどれだけあてはまるかを知るチェックテストを掲載しています。本書の前編を読むことで自分がどのタイプかがわかり、どうすれば自分のなかに眠る豊かな才能を生かし、人と分かち合えるのかもわかります。後編では、そのジーニアスを解放し、楽しみ、何よりも自尊心を高めるために大切なことをお伝えします。

あなたは天才だ

ジーニアスタイプの詳細を述べる前に、私の子ども時代とこの研究の原点について少しお話ししましょう。

いちばんよく思い出すのは小中学校時代のことです。正直なところ、私は教科の存在意義がまったく理解できず、勉強は大嫌いでした。教育界の大御所ケン・ロビンソンが言っていたように、教師が教えているからといって、生徒が学べるとはかぎらないのです。教師は生徒の心をつかまなければ、どれだけ知識や手順、さらには重要性を説明しても、生徒には無意味なのです。私がよく学校で戸惑ったのはそのせいだったのでしょう。

本当の意味で「教える」とは、相手が最大限に力を発揮できるよう伴走し、才能を表現できるよう必要な道具を用意し、持ち前の才能や力を受け止められるようにすることだと私は考えます。教えと学びが不可分なそのプロセスのなかで、学習者の内なる情熱に火をつけ、その人生を隅々まで照らし、その人の真の目的を明らかにするものでなければならないのです。

そしてそのためには、合理的な思考を超越する必要があります。私たちの天才性は多くの場合、鉱山の深いところに眠っていて、そこにたどり着くには情報を得るだけでなく、直感を養い、心の声を聞く力がなくてはいけません。直感と心は、才能の2本柱なのです。心が麻痺していてはいくら頭脳が明晰でもどうしようもありません。

また、自分を見つめ直し、生き方を改めると、新しい絆が生まれます。才能があらわれると、さまざまな案が生まれ、新たな現実をつくり出します。たとえば2007年以前は、電話機とコンピューターとタッチパネルはまったく別々のものでした。しかし、Appleの創業者スティーブ・ジョブズはこれらをひとつにしたスマートフォン、iPhoneを生み出したのです。私たちの日常はすっかり変わりました。これと同じように、自分のジーニアスタイプを生かせるようになると、無数の可能性が見えてくるでしょう。いつか、いまは想像もできないような何かができているかもしれません。

本書は、生まれもった才能やあなたのなかの天才、あなたという天才について書かれています。もう、待つのはやめましょう。ぜひジーニアスタイプの説明を十分に読んで、自分がどのタイプか知ってください。巻末にはメモのページを用意してありますので、そちらも自由に活用してください。

さあ、あなたの人生の冒険がいま始まります。

前編
9つの
ジーニアス
タイプ

1

INFINITY

無限〈インフィニティ〉

新たな道を示す

ジーニアスタイプ＝無限〈インフィニティ〉は、学びによって無限に進歩する人類をあらわすような無限記号です。

分野にかかわらず人生の恩師になるような人、教えたり、新たな方法を示したりするなかで相手に寄り添い、最大限の結果を出せるよう支援する人です。

賢者や指導者、哲学者、教授、学長に特徴的なタイプといえるでしょう。

生まれながらの資質

- 常に学び、知識を広げる。6世紀のインドの詩人カーリダーサが「偉人とは雲のごとし。分け与えるため収集する」と表現したのは、まさにこのジーニアスタイプ。
- 知識をわかりやすく魅力的に伝えられる。生徒に大きな影響を与え、科目を好きになるきっかけを与え、生まれもった才能を見抜き高めてくれる優れた教師。
- 感化し、自信を与える。一緒にいる相手は作業がはかどり、有能感を得て意欲が湧く。次に説明する「よいピグマリオン効果」のうまい使い手。
- 頭と心の完全な調和（ベストな状態のとき）。わかりやすく伝える工夫に頭をはたらかせ、知識を求め、人の力になろうとする心を原動力にする。

ピグマリオン効果とは、他者の期待が業績や成果に大きく影響する現象で、特に力の上下関係があるときに起こります。この効果を〈インフィニティ〉はごく自然に使います。どんなはたらきをするか、次に2つの例を見てみましょう。

よくないピグマリオン効果

上司が部下を見下し、事あるごとに「まだまだダメだな」「またやらかした」「いつまで面倒を見させるんだ」といった言葉を吐いているケースを考えてみましょう。

この部下は職場を変わらないかぎり徐々に自信を失い、上司のネガティブな見方を受け入れるようになります。その結果、自分を「未熟」と思い、何か決めるときには間違いを恐れ、「面倒を見る」と言ったその上司にいつも確認を求めてしまいます。

このように決めつけを受け入れ行動することで、それを本人が再確認するようになるのが「よくないピグマリオン効果」です。

よいピグマリオン効果

それとは正反対のはたらきをする場合もあります。ここに紹介するのは、1960年代に心理学者のロバート・ローゼンタールと、サンフランシスコの学校で校長をしていたレノア・ジェイコブソンが、ピグマリオン効果の作用を検証した実験です。

新学期が始まる前に、教師陣に生徒のIQテストの結果が渡されました。そこにはそれぞれの生徒について、「非常に優れている」「突出した能力なし」など詳細な記載がありましたが、じつはその測定結果はまったく嘘のものでした。

しかし学年末には、「優れている」と書かれた子どもたちは教師の期待と信頼に応えるように成績が伸びていたのです。

この実験から2人は「よいピグマリオン効果」として4つの特徴をとらえました。

● 親しみの感情を生む。生徒は、言葉以外のジェスチャー・表情・声のトーンなどからも、サポートされ理解されていると感じとる。

●学習力の向上。生徒に向上する力があると信頼して最高の内容を伝え、間違いがあればただちに訂正して成長を促す（対極になるのは生徒や部下に見込みがないと考えて見放す態度）。

●積極性を生む。その生徒への質問が増えると同時に、本人の力を信頼して無視せず遮らず意見を述べるよう促し、大きな自信を与える。

●称賛に応えるがんばり。長所や成果をほめられた生徒は、それが教師の思い違いでないと示すために努力する。期待に応えようと全力を尽くす。

「人は自分の信じたものを生み出す」といいます。まさにそれが〈インフィニティ〉の周囲に起こる不思議な「ピグマリオン効果」なのです。心理学では「予言の自己成就」とも呼ばれます。

〈インフィニティ〉の成長過程

このタイプは人と接するのがうまく、優れたコミュニケーション能力でしっかりと

関係性を築いていきます。バランスのとれた状態では、行動や決断に落ち着きがあり、楽しく議論し語り合えます。ものごとを深く考えるのが好きで、それが魅力にもなっています。

ただし、人生のさまざまな問題を解き明かそうとして、頭脳偏重ぎみになるところもあります。心を置き去りにしたまま、どう解釈すべきかにとらわれてしまうところがあるのです。とても常識的で熟考するタイプのため、決めた目標はきちんと達成し、人にも適切な助言ができます。深い考察に基づく助言は、新たな見方を教えてくれる非常に貴重なものです。

情が深く、思いやりと共感力があるため、人から好かれますが、知識欲が裏目に出てしまうときもあります。投げやりな順応や単調さを何よりも嫌がり、常に学び成長しようとするため、社交の場面では停滞感に襲われる場合があるのです。

世界の良識を目覚めさせるという務めを果たすため、〈インフィニティ〉は自分の力が世界には必要であるという確信を求めます。しかし知っておくべきなのは、そこに重要なのは知識や頭脳ではなく情動知能（エモーショナル・インテリジェンス）だということです。この人の天性の才は、教えるよりむしろ「寄り添い育てる」点にあるといえます。その人自身が内面を見つめ、自らに備わったものを発見できるようにすることが最大の使命になるでしょう。情操教育がない時代だからこそ、〈インフィニティ〉の手腕が必要とされています。

これが理解できると、誰にでも同じ説明を繰り返すのではなく、一人ひとりの長所を引き出しながら教えるようになり、哲学者や賢者のような存在にもなります。

ただし、抽象的な理論にとどまらず、知識を実生活に反映させていくよう注意が必要です。知識と実際の自分に整合性がなくなると、どこかおかしな調子になります。自分の行動を通して教えることは自己実現になり、それが周囲の啓発にもつながるでしょう。

もう1つの強みは、大きな不安があっても悲観的にならず、人生の流れ、すなわち「タオ」に沿って進んでいけることです。心と直結するとき、〈インフィニティ〉の能力はさらに大きくなります。頭でっかちでは力を発揮できません。そこに心がなくてはならないのです。この人の天才性は、頭で問いかけ心で答えを導き出すところにあります。心が真理へ通じる扉になっているのです。哲学者もヨガ講師も、世界に新しい道を示そうと考える人も、健康な〈インフィニティ〉は人生からの問いかけに答えを出すべく、深く内省し自分の使命につなげていくものです。

常に何かを問い続けている自分を、おかしな人間と思う必要はありません。それは、この世界をよりよいものにしていく才能の一部なのです。

このタイプの人が仕事面、感情面、そして人間として成長していくための要点をまとめると、次のようになります。

- 人に教えたり寄り添ったりする仕事に適した環境を見つける。
- 知識を広げつつ自分を掘り下げる。常にこの2つの方向性で学ぶ。
- 得た知識を人生に取り入れる。考えと行動を一致させる。

〈インフィニティ〉のもつ闇──自分の知識に慢心する

傲慢や自己中心的な態度に陥りやすい面があります。知識を鼻にかけ、人を小ばかにするところがあるのです。若いときは特にそうなりがちですが、成長するにつれてソクラテスの「無知の知」を知るようになります。

世間に対して「当たり前のことがまるでわかっていない」と腹を立て、優越意識で傲慢になったり、世間を離れ隠遁生活に入ってしまったりする場合もあります。

〝学者〟になると、疑問や不明点を残さない姿勢から、本来強みであるはずの「自分も含め、すべてを問い直す」という内省的態度が失われてしまいます。

そうならないためには「謙虚さ」をもつようにします。知識はこのタイプの記号と同じく無限で、自分もやはり無知なのだと自覚するのです。そうすれば、それぞれの人にそれぞれの知恵と独自の才能があると認められるでしょう。

〈インフィニティ〉の著名人

●ブッダ　人類屈指の師というべき存在。ゴータマ・シッダールタは、どうすれば人間の苦しみを和らげられるか探究し、それを弟子に伝えることに生涯をささげた。今日の教えは弟子が伝えたもの。

●**プラトン**　紀元前387年にアテネに開設したアカデメイアは、以後9世紀にわたり教育活動の場となった。古典哲学の多くはプラトンの『対話篇』により伝わっている。師のソクラテスおよび弟子のアリストテレスもこのタイプ。

●**ルソー**　フランス啓蒙主義の代表的な人物。ヴォルテールなど一部の人々から嫌われたが、執筆以外に音楽家や熱心な自然主義者としての顔ももつ。時代を先取りした教育論で、子どもとその才能の自然な発達を擁護するよう提唱した。

●**マリア・モンテッソーリ**　9世紀末にローマ・サピエンツァ大学医学部を優秀な成績で卒業し、現在も世界中で用いられているモンテッソーリ教育法を開発した。子どもの知力は無限であり、教育者の役目は、ただ子どものやる気を引き出し、学ぶ意欲をもたせるのみ、とした。スローガンは「1人でするのを手伝って」。

●**ユング**　まぎれもなく20世紀最大の異端的かつ天才的な偉人。フロイトとの共同研究もある。今日ではよく知られた「外向・内向」「元型（アーキタイプ）」「集合的無意識」の概念や共時性（シンクロニシティ）の理論を提唱した。没後60年が経つ現在も、心理学および霊性研究で重要な道しるべとされている。

CHECK TEST

［チェックテスト］

次の文で、あてはまるものを選択肢a〜cから選んでください。

① 私にとって学びとは、

a．仕方なく義務的にするものだ。
b．目的（資格取得、就職試験合格など）のための手段だ。
c．生きがいだ。はてしなく楽しい道のりだ。

② 人生の原動力となっているのは、

a．日々のささやかなことだ。
b．娯楽と仕事のバランスだ。
c．好奇心。どこまでも知りたい。

③ 新しいことを勉強するとき、

a．ストレートに重要な部分が知りたい。

b. 新しい勉強もいいが、自分で世界を知るのもいいと思う。
c. 「これでよし」と思えない。知りたいことはいくらでもある。

④ **教えたり学ばせたりするとき、**
a. やるべきことはやるが、教えるのは得意ではない。
b. 計画どおり進め、落ちこぼれる人が出ないようにする。
c. 知識を広げる手伝いができることに情熱を感じる。

⑤ **人前で発表する必要があるとき、**
a. まったく落ち着かない気分になる。
b. 緊張はするが、うまくやりとおせる。
c. 注目されるのは気にならない。

回答の選択肢aを0ポイント、bを10ポイント、cを20ポイントとして、合計したポイント数があなたの〈インフィニティ〉タイプのパーセンテージになります。高いほど自分のジーニアスタイプといえるでしょう。

2 SQUARE

正方形〈スクエア〉

実用主義（プラグマティズム）と理論

ジーニアスタイプ＝正方形〈スクエア〉は、ゆるぎない考えをもつ頭脳派で、正しいことを正しく行うことにこだわる天才です。自分に合った仕事で、日々の課題を理路整然とこなします。このタイプには、経営者、会計士、公務員、行政官、図書館司書、経済学者のほか、法や秩序にかかわる裁判官、警察官、軍人、弁護士などがいます。命令・秩序を忠実に守り、昇進すれば、優れた経営者、軍の将校、船長にもなります。

生まれながらの資質

- そつなくオフィスワークをこなせる（上下関係が明確で、適切に業務分担されている場合）。チームワークで期待を裏切るのは苦痛。
- 現実的。頭脳派で地に足がつき、具体的な解決法を考える。まとまりのない状況でも論理的に対応し、重宝される。
- 粘り強く着実。規定のラインを外れず確実に結果を出せる。単調な繰り返し作業も嫌がらない。
- まっすぐな考えと価値観をもち、誠実。信念と理想の人。

秩序と進歩

突出した想像力や芸術的創造性はなく、SFなどには嘘くささを感じてしまうところがあります。現実がうまくいっているなら空想など不要と考えるのです。ブラジルの国旗には実証主義を提唱したオーギュスト・コントの言葉「秩序と進歩」が記されていますが、まさにこれを行動指針にしたような人で、たゆまず前進してこそ進化し繁栄できると考えます。直感的なタイプからは堅苦しく見えるかもしれませんが、この人の創造性は概念的でありながら実際的です。無駄を避け、結果の知れない未知の領域に踏み込まず、贅沢をせず倹約家。足元が堅実でなければ安心できません。なりゆき任せにせず、常に合理的な判断をします。自分の安全領域（コンフォートゾーン）にこだわり、興味があっても未知の世界に飛び込もうとはしません。

自分を目立たせようとせず、小さな仕事にも充実感を味わえます。出された指示をよく守り、自分から簡潔な指示を出すこともできます。組織で昇進すれば、多くの部下から頼られるリーダーになるでしょう。

どんな役回りでも、「するべきことをする」天才です。問題なく見通しが立つ状況では、無理に変化を求めません。義務を果たし、ものごとを整然と進めることに幸せを感じますが、その代償として感情をもてあまし、思いをなかなか表現できない面もあります。大きな理想としっかりとした道徳観をもち、非常に辛抱強い人です。このタイプの成長には、次に述べるように人間的な成長が求められます。

〈スクエア〉の成長過程

このタイプの人の成長には、自分の能力が社会に必要とされているという自負と同時に、「学ぶべきものは常にある」と考える謙虚な姿勢が必要です。管理業務を得意としますが、コントロールを手放して人に任せること、人を信頼することも必要です。「鉄鋼王」と呼ばれたアンドリュー・カーネギーは、鉄鋼業に無知だったところから始めて、当時の二大富豪を超えるまでに成長したそうです。その秘訣は、「自分より優れた人々と付き合う」でした。〈スクエア〉は、自分が主役になることは目指さず（結果的に主役になることもありますが）、ものごとを適切に管理し、できるかぎりうまく運ぶように立ち回るタイプのため、カーネギーも抵抗なくそうできたのでしょう。世界を変えるより、円滑に回そうと考えます。

私が会社をつくるなら、迷わずこのタイプを社長に選びます。全力で取り組み、会社の意義を理解し、大切に育ててくれるでしょう。気持ちに火がつけば無敵の思考力と意欲で、間違いなく期待以上の結果を出してくれます。

固い信念と理想でトップに立つ場合があります。優れた政治的指導者が確かな理想で人々を惹きつけ、支援される場合などがそうです。敵か味方かをはっきりさせたがる傾向がありますが、そうした意固地な面も改めるべきでしょう。敵と味方に二分するのではなく、さまざまな立場があり、そのどれもが尊重されるべきと知ることです。不満があると口うるさく、満足なときはお人よしになる傾向があります。

感情について理解し対処できるようになると、飛躍的に成長し、幸福にもなれます。情動知能（エモーショナル・インテリジェンス）について学んだり、ダニエル・ゴールマンの『ＥＱ　こころの知能指数』を読んでみるとよいでしょう。成長には困難へのチャレンジも必要です。１つの考えにとらわれず、自分の考えをすべて疑ってみるようにしましょう。仕事仲間や同僚の共感が得られるようになり、家族や友人との関係も良好になるはずです。

成長のためには

- 命令や秩序を順守する適性を生かせる仕事を見つける。会社内でも創造的な部門には不向き。
- 自分の固定的な世界観と衝突しない論理的思考の人と付き合う。
- 絶対的な真理などなく、正論の主張よりも平和に暮らすほうがいいと認める。意見とは、持論も含めすべて私見である、と認められれば徐々に変化できる。
- 勇気をもって感情の世界を知り、少しずつ慣れ親しむ。

〈スクエア〉のもつ闇──「知」の横暴

融通の利かない性分で、衝突するとなかなか譲らず、恋人や夫婦のあいだでは思いどおりにならないと口論になります。自分の想定から外れたり、自分の正当性を疑ったりすることを苦痛に感じるのが弱点といえます。

なかなか説得に応じない、決して折れようとしないのが短所です。取引などで有利な立場にあるときは、それでうまくいくケースもあるでしょうが、妥協や調整が必要な場面ではチャンスを逃がしがちになるでしょう。

このタイプにとって、自分から譲るのは自分の間違いを認め、ひいては自分の世界を揺るがしかねないもののようです。この頑固さも手伝って、落ち込んだときには、よくない考えにとらわれて立ち直りに時間がかかる場合もあります。

ものごとを心ではなく理性でとらえ安心するため、すべて思考を通して体験します。情緒的な知性より論理的思考が常に優先し(情にほだされにくい)、衝突や誤解も多く生じます。むなしい気分になっても、原因が情緒にあるとは思わず、物質的なものや目に見える成果をもたらす理念で満たそうとしたり、安心感や有能感が得られる理屈で対処しようとしたりします。

自分の感情と論理が衝突するときは感情を押し込めますが、それでは不幸につながります。バランスを崩すと、反社会的あるいは強迫観念的になり、世界と自分の世界とのあいだにズレが生じて苦しむ場合もあります。

〈スクエア〉の著名人

●チェ・ゲバラ　キューバ革命の英雄。一見このタイプとは無関係に見えるが、生き方や思想はまさに〈スクエア〉そのもの。このタイプらしく「正しいことを正しく行う」をモットーに、命を懸けて理想を追った。

●マーガレット・サッチャー　イギリスの元首相。「鉄の女」と呼ばれ、社会の大混乱期を12年治めた。評判の悪かった人頭税（所得額に関係なく国民に均等に課税）を強いリーダーシップで導入したが、ロンドンでの市民の反対運動が20世紀最悪の暴動に発展し、首相を辞任した。

●ルイ・ファン・ハール　オランダの伝説的サッカー監督。試合中にメモをとる姿が有名だが、その内容は誰も知らない。強固なフォーメーション思想と厄介な記者への強硬的な態度でも有名。鉄壁の手法で何度も勝利し、新たな才能を発掘した。

●ビル・ゲイツ　尊敬と同時に嫌悪の対象にもされる技術者・実業家。マイクロソフト社で既存のものをうまく取り込んで運用し、世界中で使用されるOSに育て上げた。ITバブル崩壊以前は人類史上10番めの大富豪といわれた。

CHECK TEST

【チェックテスト】

次の文であてはまるものを選択肢a〜cから選んでください。

①自分の決めたことは、

a．めったに変更しない。交渉は受け付けない。
b．それを土台に微調整してもかまわない。
c．納得いく根拠があれば変更してもかまわない。

②お役所的な仕事や管理業務にあたるとき、

a．するべき仕事に集中し、意欲的に取り組んでいる。
b．期間限定ならかまわないが、ずっとは無理。
c．退屈で耐えられない。集中力がもたない。

③ **命令を受けるとき、**
a．命令は守るべきで、できるかぎり忠実に実行する。
b．合理的でない点があれば、疑問を投げかける。
c．私は命令されるのが嫌いだ。

④ **感情は私にとって、**
a．目の回るジェットコースター。決断には感情をはさまない。
b．理性と同じように人生の大事な一部だ。
c．人として進むべき方向を知るための羅針盤だ。

⑤ **パートナーがもう決まった件について強く反対しているが、**
a．なんとか納得してもらう。
b．建設的に話し合い、妥協点をさぐる。
c．こちらの主観をはさまず耳を傾け、理解しようとする。

回答の選択肢aを20ポイント、bを10ポイント、cを0ポイントとして、合計したポイント数があなたの〈スクエア〉タイプのパーセンテージになります。

3

ELLIPSE

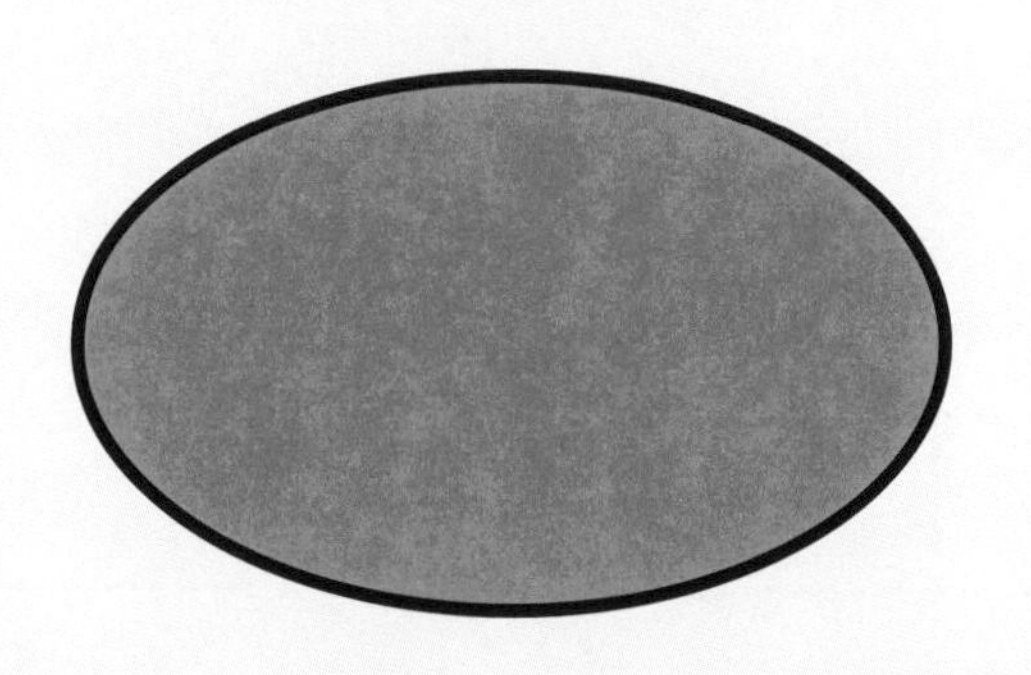

楕円

〈エリプス〉

夢を生む人

ジーニアスタイプ＝楕円〈エリプス〉は、芸術的創造性の誕生と拡大をあらわすような銀河や卵の楕円です。新しいアイデアで感動を与えてくれる天才です。ただそれは、すばらしい特性であると同時に生きにくさにもなります。〈エリプス〉の内なるアーティストは心に従ってこそ動き出し、とめどなく創造的な天才になりますが、このきわめて観念的な実用主義社会のなかでその才能を生かさなくてはならないからです。

このタイプには、画家や音楽家、作家、広告制作のアーティスト、発明家、振付師のほか、あらゆる分野のイノベーターがいます。

生まれながらの資質

- アイデアが豊富。創造性にあふれ、波長の異なる人はそばにいて疲れることがある。
- インスピレーションを与える。インスピレーションを受け、精力的に創造する姿で周囲を感化する。世界に感動を与える力の持ち主。
- 自分の世界をつくりあげ、権力から距離を置きたがる。大衆の共感を得ると、垣根を超えた大きな流れが生まれる（音楽界のスターなど）。

2つの世界の融合

芸術的な創造性やインスピレーションにかかわっていくなかで自分らしさを発揮するため、〈スクエア〉タイプが得意とする仕事には幸せを感じません。書類やオフィス、法律や管理業務など、心が動かないものに縛りつけられるのには耐えられず、できるだけ自由に、自分らしく働ける時間を求めます。お役所仕事で力を発揮するタイプではないようです。

とはいえ、責任感がないわけではありません。情熱を感じる仕事には高いパフォーマンスを実現し、目標のためなら悪状況も物質的な不自由も気にしません。

〈エリプス〉は、創造性を自由に表現する必要に迫られながら、もういっぽうで、どれだけ抑えてもある程度の出費を賄う必要に迫られており、この2つの両立が重要になります。駆け出しのクリエイターやアーティストの収入はそれほど多くないものですが、どうすればこの2つを両立させていけるのでしょうか。

まず、歌や踊りが好き、ミュージシャンになりたい、絵を描きたい、という思いがあるのに、親から「そんなお金にならないものはやめなさい。生きていくために勉強しなさい」と言われるため、これと闘う必要があります。この社会には、子どもが芸術性を開花させたり世界観を発信したりできるよう支援する教育体制が整っていないため、これはなかなかの難関です。

こうした圧力に負けて、情熱を捨てて苦痛な仕事に就くことも多々あります。そうなると才能を眠らせたまま、夢を断念したつらさで無味乾燥な人生を送るようになります。

〈エリプス〉が2つのバランスをとって才能を生かした生活をするには、いくつかポイントがあります。

●案内人(シェルパ)に出会う。歩き始めは孤独で、人から理解されない気がしたり、自分が変人のように思えたりするときもある。世界に認められるようになるには、進もうとしている道をすでに経験した、障害の克服と目標達成の力になってくれるメンターをもつのがよい。

●生活上のニーズを減らす。〈エリプス〉は、多くの義務や出費など、かかえる制約が大きいと行き詰まる。ある程度の成功を収めるまでは、創作活動と自己成長のための時間がとれるようミニマムな生活ができるようでなければならない。

●自分と親和性のある分野に生活基盤を探す。事務職には向かないが、得意の創作世界にかかわるものなら話は別だ。作家なら広告コピーや翻訳、文章教室、音楽家なら楽器のレッスン、芸術家なら子どもや初心者向けの教室などの仕事があるだろう。

〈エリプス〉の成長過程

このタイプの長所は、周囲から何と言われようと自分を信じ夢をあきらめないところでしょう。あきらめてしまえば輝きを失い、くすんでしまいます。

〈エリプス〉にとっての成功は、経済的な豊かさではなく充実感にあります。大きな才能で大きく稼ぐ人もいますが、それは生きる原動力ではありません。ダンサーなら踊りに専念できれば大いにありがたく、情熱を仕事にできるならそれで大満足なのです。自分を見失わないよう、名声や金銭に惑わされず、幸福そのものを求めて自分の活動に賭けなくてはなりません。

また、「これをつくる」という思いがあるときは、何があっても挫けないのが強みです。イラストレーターのウォルト・ディズニーがよい例でしょう。勤めていた新聞社の上司から「想像力(イマジネーション)がない」と評価され失業、借金をかかえもうすぐ30歳というある日、移動中の列車で思いついたネズミのイラストからヒットが生まれ自社を設立。史上最多のアカデミー賞を受賞し、かつて自分を解雇した新聞社を買収するまでになりました。

これは自分への信頼ととてつもない才能がうまく結びついた例ですが、いつもそうなるとはかぎりません。現実を歪めて見るようになり、「人生は不公平だ」「不運な自分は成功できない」「もっと劣った人が成功しているのに」と考え始め、こうした自己欺瞞から、自分の才能ばかりを過大評価するわからず屋になる人もいます。

ですが、他人との比較をやめ、評価を気にせず好きなことに集中できれば、きっと幸せになります。

どんなにささやかでも自分らしい仕事で生きていけるなら、〈エリプス〉にとっては十分な報いになります。創造から得られる充足感こそが成功であるとわかれば、ほかのタイプよりも人生が充実し、やりがいをもてるでしょう。

この精神があれば、新しい可能性も怖くありません。持ち前の技能や創造力でいまの時代に普通とされるものや、政治的に正しいとされるものを超越し、先導することにもなるでしょう。

〈エリプス〉が目的どおり人々の暮らしを明るくする夢を生むとき、それは頭で考えたものではなく、心に生まれる創造性によって実現しています（頭が扱う対象はすでにあるもので、新しいものを創造しません）。ヒッチコックが「論理より想像力が大事」と言ったとおり、心のひらめきによって観念的な障壁を破る点こそ、このタイプのすばらしい長所なのです。

〈エリプス〉のもつ闇 ―― 混乱と不調

思春期は、フラストレーションや周囲の無理解に悩み始める非常に不安定な時期になります。現実世界になじめないと感じ、うつ病や依存症に陥る危険もあります。〈エリプス〉がかかえうる苦しみの例には、次のようなものがあります。

- 自分には関係のない、やる気の出ない勉強をするつらさ。家族と喧嘩になったり逃避に向かったりもする。
- 「自分のしたいことは何の役にも立たない」「生きるためには何でもいいから仕事をすべき」と頭で納得しようとする。その結果、自分がわからなくなり、不幸になる。自分にあふれる「豊かさ」からでなく、「必要性」から生活をなんとかしようと働き、充足感も自己実現も得られない。
- 夢をあきらめたために、人生を楽しめず、心の声が「自分にはもっとできたはず」とささやき続ける。このつらさから不健全な遊びに手を出したり、闇の世界に落ちるケースもある。

方向性を見失い、自分が何のために生まれてきたかわからなくなることほど、〈エリプス〉にとっての苦痛はありません。他人の仕事のために毎朝働きに出かけるのは拷問のようなものです。そうした受け身の人生では充実感がもてず、不安から自己破壊に向かうようになります。

心と頭が同じ比重でバランスがとれているのが健康な状態ですが、もし心より頭、あるいは、頭より心の比重が大きいとどうなるでしょうか？　前者をａ、後者をｂとしてバランスを崩す例を見てみましょう。

（ａ）インスピレーションより合理性が優位な場合、自分らしいひらめきは得られません。たとえば、ポップ・ミュージックで商業的な目論見や義務的に作った曲がつまらないものになるように、力強さも新鮮さもない作品になるのです。このタイプにとって「創作」は息をするように欠かせないもので、創作のない生活ではふさぎ込んでしまいます。そんなときは、ほかの〈エリプス〉に会ったり、新しい習い事をする、瞑想やミューズ探しをするなど、創造的才能が再び元気になるように、インスピレーションの源泉と自分をつなげてくれるものを見つけてください。

（b）逆にインスピレーションが合理性より優位になると、天才的な作家が現れます。ただし、空想しがちで社会にうまく適応できず、どこか場違いでエキセントリックに見えるかもしれません。理性の面をまったく顧みずインスピレーションのみに頼ると、この社会では不適合者とされがちです。どんな天才的ですばらしい人も狂人扱いされてしまうでしょう。あのベートーヴェンですら、あらゆる規範を習得してからそれを崩したと覚えておくべきです。

〈エリプス〉が極端にバランスを崩すと、何もせず愚痴ばかり言って自分を憐れむか、逆に自暴自棄に何かにのめりこんで周囲に迷惑をかけるケースもあります。

〈エリプス〉の著名人

●ミケランジェロ　16世紀の美の巨匠。「神のごとき」と称えられ、存命中に2冊の伝記が書かれたほど。メディチ家やローマ教皇庁の庇護のもとで制作し、きわめて写実的な絵画（バチカンのシスティーナ礼拝堂天井のフレスコ画など）、サン・ピエトロ寺院やローマのカピトリーノ美術館の建築、フィレンツェのサン・ロレンツォ聖堂の設計など幅広く活躍した。

●**ダリ**　シュルレアリスムで最も有名な画家。エキセントリックな〈エリプス〉の好例。ポケットチーフのかわりにオムレツをさして登場するなど、アートだけでなく自分をどう見せるかにも凝って注目を集めた。「私と狂人の唯一の違いは、私が狂人ではないことである」と公言した。

●**J・K・ローリング**　世界的人気を誇る『ハリー・ポッター』シリーズの作者。困難を超え成功をつかむこのタイプのよい例。物語の着想は、4時間遅れでやってきたマンチェスターからロンドンへ向かう列車の中だったという（ウォルト・ディズニーのミッキーマウス着想も列車の中だった）。娘を連れて離婚し、鬱になり自殺も考えたが、失業手当でしのぎながらカフェやパブで第1巻を書きあげた。自分の才能を信じ、娘を寝かせてから創作した。

●**クインシー・ジョーンズ**　10代からトランペット奏者やジャズ・アレンジャーとして活躍。先見の明でマイケル・ジャクソンのソロ活動をサポートし、音楽史上最高売上を記録したアルバム『スリラー』のプロデュースにかかわるなど、20世紀で最も影響力の強いアーティストとされる。典型的な〈エリプス〉で、ミュージシ

ャン（大ヒット・アルバムが3枚）やプロデューサーの活動にとどまらず、アレンジや作曲、ビッグバンドのリーダー、レコード会社の重役など、幅広く活躍し成功した。33本もの映画のサウンドトラック、フランク・シナトラなど有名歌手のプロデュースも行った。グラミー賞ノミネート79回のうち28回受賞、トニー賞・エミー賞の受賞、アカデミー賞へのノミネート7回のほか、さまざまな大学から名誉博士号を授与されている。現在も若手音楽家の才能発掘に協力中。

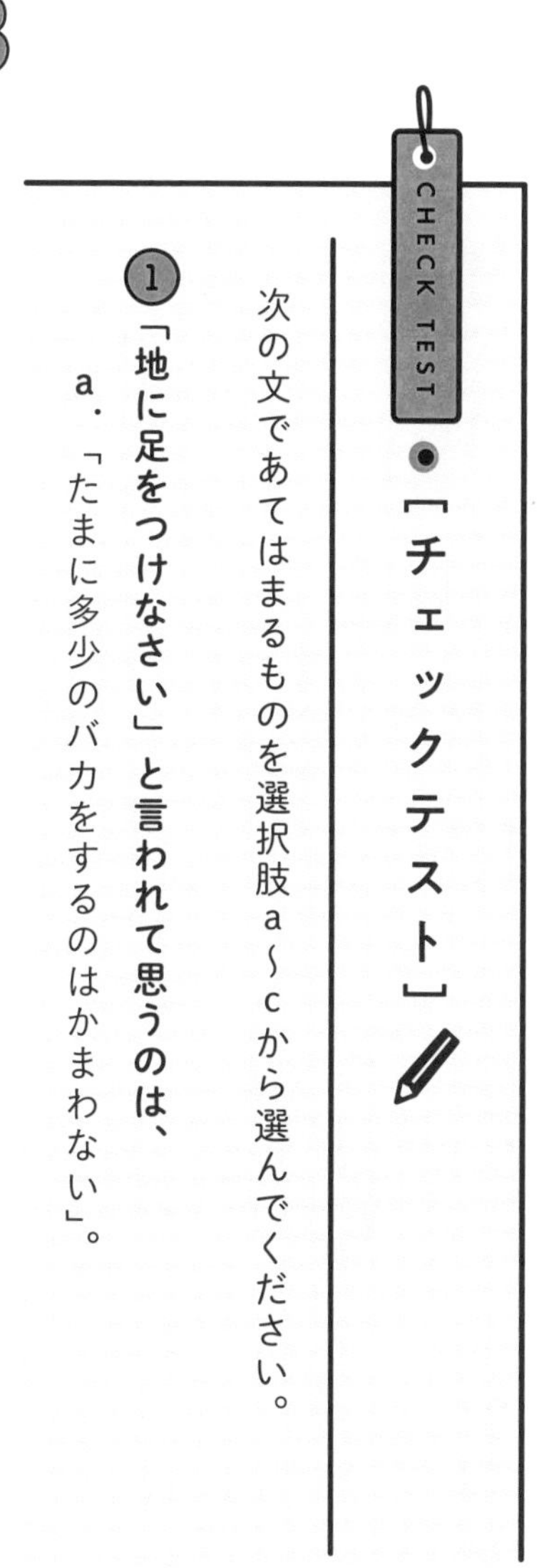

［チェックテスト］

次の文であてはまるものを選択肢a～cから選んでください。

① 「地に足をつけなさい」と言われて思うのは、

a．「たまに多少のバカをするのはかまわない」。

b．「それは空を飛べない人のセリフだ。私は気にしない」。
c．「そのとおりだ。現実的になるべきだ」。

② 芸術的な作業に熱中すると、

a．「天才的」とはいえないが、面白い発見ができる。
b．まさにフロー体験で、時間や空間の感覚が消えてしまう。
c．コンフォートゾーンではない、がんばっている感じがする。

③ 弁護士や経営者の仕事は、自分にとって

a．退屈そうだが、コツがわかれば好きになれると思う。
b．まっぴらごめんだ。
c．結果を出すために五感を総動員するのならよい。

④ 極端に言えば、「……」のためなら死んでもいい。「……」に入るのは、

a．「世界がよくなるような大義名分」
b．「完全なイマジネーションと自由」
c．「責任の完遂」

⑤ **コンサートや展覧会に出かけると、**

a. 日々の問題を少し忘れられる。
b. 楽しめるが、どちらかといえば自分は創作する側でいたい。
c. 退屈してすぐ帰りたくなる。

回答の選択肢aを10ポイント、bを20ポイント、cを0ポイントとして、合計したポイント数があなたの〈エリプス〉タイプのパーセンテージになります。高いほど自分のジーニアスタイプといえるでしょう。

4 TRIANGLE

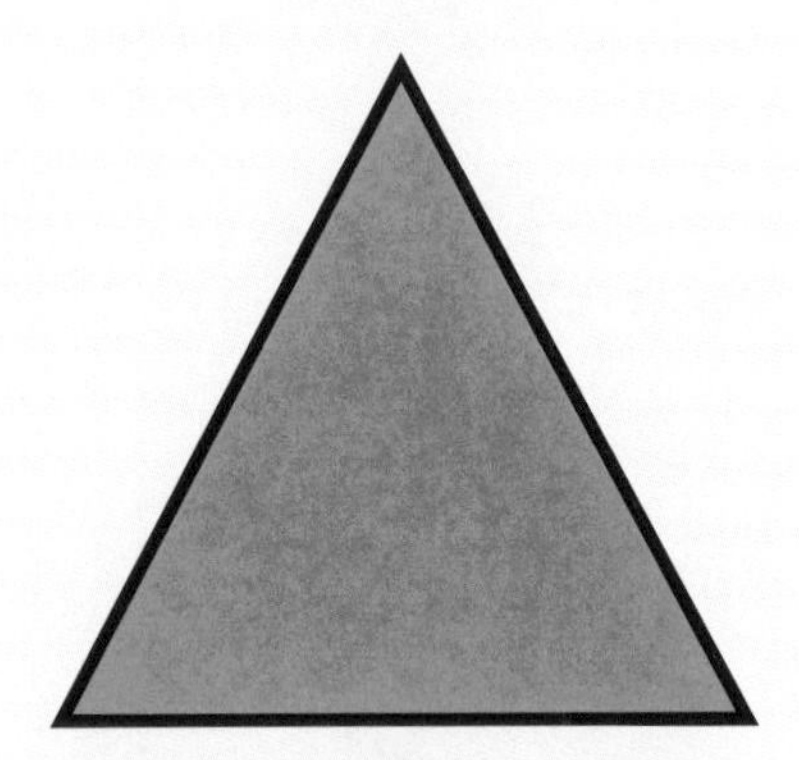

三角形
〈トライアングル〉

売る力と共感力

ジーニアスタイプ＝三角形〈トライアングル〉は、鋭い商才をもち、商品の販売や世界のために役立つものを普及させる天才です。商品にかぎらず、サービスやアイデアを売る人でもあります。

天才的な適応能力で、絶好のタイミングで絶好の場所に居合わせます。直感と頭のよさと熱心さによって、見過ごされがちなチャンスをとらえ、新たな事業や会社をつくります。

営業職や販売部長、経営者、仲介人、モチベーショナル・スピーカーのほか、政治家もこのタイプに多く見られます。

情動知能（エモーショナル・インテリジェンス）と人間理解に関する幅広いスキル（ソーシャル・インテリジェンス）で、人に巧みに訴え、目標を達成します。

生まれながらの資質

● 生来の楽天家。どんなところにも可能性を見出し、思いあぐねず、まっすぐ目標に向かう。不可能という言葉を知らない。

● 粘り強い。高い目標を立て、それを達成するための努力を惜しまない。決意こそが成功のカギ。
● 思いやりがある。魅力的な人柄で人に接し、説得する。商売人としては強みだが、一歩間違えると相手を利用することにもなりえる（何でもうまく覆すのが得意なため）。

強い信念と意思

サービスや商品などを広める際、〈トライアングル〉は、そこに自分が必要とされているとの確信がなくてはなりません。

大事業は優れたコミュニケーションとマーケティングなしには成り立ちません。優秀なセールスパーソンの手にかかれば、何の変哲もないような商品も売れますが、逆にどんなすばらしい商品も売り方次第ではまったく売れない場合もあります。

2000年と2003年に行われたサッカーのFCバルセロナ会長選を思い出してみましょう。最有力候補とされていたのは、当時大手広告代理店社長だったルイス・

バサット氏でしたが、そのマーケティングのエキスパートでさえ、対立候補者の「自分の構想こそクラブに必要」とのより強い信念には勝てませんでした。

そうした強い信念と意志があれば、たとえ周囲の評価に恵まれなくても、商品に対する自信を力にどん底から頂上まで上り詰めます。

〈トライアングル〉にとって「売る」とは、決して給料のためだけではありません。もしその商品やサービスに情熱がもてなければ、それは〈トライアングル〉にとってつらく単調な仕事になるのです。

適切な自己主張

この人の長所は「アサーティブネス」と呼ばれる適切な自己主張にあります。「アサーティブネス」とは、他者を尊重しながら自分の権利や考えを適切に主張するコミュニケーション能力のことですが、このおかげで、終始受け身にも攻撃的にもならずにメッセージを伝えていけるのです。

よって、〈トライアングル〉においては特に言葉の使い方が重要になりますが、仕事を単なる生活手段ととらえず、世のために欠かせないものであると自負するとき、さらに効果的なコミュニケーションが可能になります。

最近の研究では、セールスの55％はセールスパーソンへの信頼感に左右され、その信頼感はその人の誠実さから生まれるとわかっています。〈トライアングル〉はこの信頼感を武器に、どんな状況も好転できる大商人になります。

交渉や取引には、柔軟な発想で潜在的なチャンスをとらえ、相手を観察しニーズを見抜く力が必要になります。つまり、「創造性」「戦略」に加えて「アサーティブネス」で飽きのこないよう工夫していくことが大切です。

優れたセールスパーソンは、人間的な思いやりをもち、さまざまな話し方を駆使して語りかけ、顧客のニーズに耳を傾けます。

〈トライアングル〉の成長過程

才能を存分に生かすには、自分の内なるセールスパーソンが共感する商品やサービス、アイデアが必要です。もの以上に意義づけが重要で、その意義と自分が合致すれば大きな力が湧き、自尊心と自信と思いやりをもってすばらしい業績を収めます。

成長のためには、アーサー・ミラーの『セールスマンの死』に出てくるような、倫理観がなく出世ばかりを求めるセールスマンのイメージを拭わなくてはなりません。1949年にピューリッツァー賞を受賞したこの戯曲の一部を紹介しましょう。

ウイリー　考えてみるとだね、一生働きつづけてこの家の支払いをすませ、やっと自分のものになると、誰も住む者はいないんだな。

リンダ　でも、人生ってそういうものよ、つぎつぎに変わってゆく。

ウイリー　いや、いや、なかには一代でどえらいことをやりとげる奴もいる。

（倉橋健訳、ハヤカワ演劇文庫）

大きく活躍するには、販売手数料（コミッション）のために魂を売って働くイメージを拭い去り、自分の志に基づいた販売をしていく必要があります。売上目標の達成ではなく、社会に必要とされるものを提供し社会をよりよくするのが、〈トライアングル〉のもっている力なのです。

だからこそ、自分が手がけているものの価値が信じられなくてはなりません。強欲から人を利用したりつけこんだりするのではなく、心からの行動が必要です。使命感なく自分の心を裏切る仕事をしていては、消耗し意欲も湧かず、無力感漂う魅力のない人になってしまうでしょう。

「優れたセールスパーソン」という〈トライアングル〉の資質は、商品への情熱があってこそ現れてくる生来の資質です。販売手数料を目当てに何でも売れればいいというわけではありません。なかにはそんな人もいるかもしれませんが、すべての人が安月給であくせく働いているのではありません。〈トライアングル〉の著名人を見ればわかるとおり、生粋の商売人には偉大な〝志〟があるものです。

この偉大な志さえあれば、〈トライアングル〉は、敏腕広告マンにも選挙対策本部長にも、優れた不動産業者にも、さらには、商機を逃さない魔法使いのようなビジネスパーソンにもなるでしょう。

独創性と思いやり、心を源泉とする大きな力で羽ばたき、世界をすっかり変える会社をつくった例としては、社会のニーズを見抜き、自信と努力でAmazonを起業したジェフ・ベゾスやアリババの創業者、馬雲(ジャック・マー)などが挙げられるでしょう。

〈トライアングル〉のもつ闇 ── 人を利用した生存戦略

売ることだけが目的になると、自分の利益のために手段を選ばなくなります。

元来たくましく生き延びるタイプではありますが、「売れさえすればよい」という態度では、持ち前の交渉力や好ましい気質が、嘘で人を操るよこしまなものになってしまいます。

そんな姿勢では人々に「次は何を売りつけられるか」と不審がられるようになりま

す。たとえば購入商品の設置サービスで訪問し、その場でさらに別の商品を売りつけるような手法も、相手の信頼につけこんだやり方です。

〈トライアングル〉の著名人

●**コロンブス**　当時、荒唐無稽と思われた計画の資金繰りには、桁外れの商才が必要だった。ポルトガル王室に援助を断られたあと、スペイン王室に交易ルート開拓として提案し援助を取り付けた。到着したのは当初目指したアジアではなくアメリカ大陸だったが、この大航海は〈トライアングル〉ならではの功績といえる。

●**デール・カーネギー**　1888年、ミズーリ州の貧しい農家に生まれ、少年時代は朝3時に起きて牛の乳搾りをするなどして学校を卒業した。牧場主への通信教育販売やベーコン、石鹸、バターの販売を手掛け、ニューヨークで演劇を学んだ。その後、話し方の講師になり、名著『人を動かす』を著した。死後70年の現在も、世界中でそのメソッドは教えられている。

●**スティーブ・ジョブズ**　Appleの共同創業者、デザイン責任者。才能ある人々を引き込む力があったが、それ以上に「売る」ことに天分があった。新製品のプレゼンは伝説的で、本まで書かれている。先見の明をもち、「人は形にして見せてもらうまで自分が何を欲しいかわからない」との名言を残している。雄弁家で、スタンフォード大学の学生への名スピーチは、YouTubeで前例のない再生回数を記録した。

●**メアリー・ケイ・アッシュ**　優れたセールスパーソン。百科事典の販売から始め、50万人ものビューティーコンサルタントを率いるまでになった。創業した化粧品会社は2001年に彼女が亡くなってからも、彼女の熱意とノウハウを受け継いで営業している。モチベーションを鼓舞するのがうまく、業績アップの助言でも「機会があればいつでも人をほめるべきよ。ほめられた人は、水を求める植物のようにその言葉を吸収するでしょう」と相手を大切にするよう勧めていた。

CHECK TEST

【チェックテスト】

次の文であてはまるものを選択肢a〜cから選んでください。

① 仕事で商品やサービスの説明を人前でしなければならないとき、

a．ぎこちなく、どこか詐欺師のような雰囲気になってしまう。

b．自分らしい仕事と思えれば、熱意をもって取り組める。

c．緊張しないように準備をする。

② 何か初めてのことを達成しなくてはならないとき、

a．やり終えるまでは不安で落ち着かない。

b．挑戦するのは好きなので嬉しい。

c．怖がらず、調子にも乗らない。慎重に進める。

③ 自分と価値観がまったく違う人と話すとき、

a．正直なところ居心地が悪い。

b．相手の考え方もわかる。うまく付き合える。

c．外交的に問題なく楽しい会話ができるよう努力する。

④ **私にとってお金は、**

a．必要悪だ。月々の支払いがなければいいのに、と思う。

b．重要な動機。生きるうえで、ものごとが順調かを知る指標。

c．交換媒体の一種。それ相応の価値として見るべき。

⑤ **私にとっては凄腕の営業マンとは、**

a．無邪気な人を餌食に儲ける人。

b．社会を変えうる人。

c．金銭的な報酬と引き換えに仕事をしているにすぎない。

回答の選択肢aを0ポイント、bを20ポイント、cを10ポイントとして、合計したポイント数があなたの〈トライアングル〉タイプのパーセンテージになります。高いほど自分のジーニアスタイプといえるでしょう。

CIRCLE

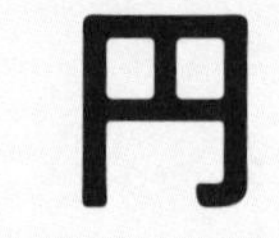

〈サークル〉

無条件の愛

CIRCLE 5

円〈サークル〉――無条件の愛

ジーニアスタイプ＝円〈サークル〉は、すべてを包み込む愛をあらわす円、あらゆるものを慈しむために回り続けていく円です。はてしなく愛そうとしながら、そのエネルギーが自分に向けられることはほとんどありません。

この無尽蔵の愛は、自尊心の欠如が原因の場合も多く、本人にとってはつらい苦しみでもあります。周囲に借りを返さなくては、という思いがあるのです。

特殊なタイプのため、これと決まった職業はありませんが、伝道師、ソーシャルワーカーやヘルスワーカー、霊的指導者、財団やNGOの世話役に特有のタイプです。思い立つとどんな活動も独自の方法で実行していく、それがこのタイプの天才性です。

人はみなすばらしい資質をもっていますが、〈サークル〉の才能は、ほかの人々が不可能と思うものを実現するところにあります。深層部分ですべての根源とつながり、ゼロからものを生み出せるのです。心に生まれたものを現実世界に生み出し、人々の生活をよくし、ひいては世界を変えていくことに充実感を得ます。

巨大事業でなくても、誰もが必要とする日常のささやかな変化でよいのです。もし恐怖や不安を感じて、直感的な創造力を生かせずにいると、使命は夢のまま、まったく別の仕事をするでしょう。

生まれながらの資質

- 分け隔てない優しさ。友人や身近な人にかぎらず、全人類を包み込むような心をもち、無条件の愛が原動力である。
- 相手の状況を思いやり親身になれる。インドの聖者ラマナ・マハルシは「他人にどう接するべきか」と問われて「他人などない」と答えた。
- 不思議な力をもち不可能を知らない。世界を心から変えていく人。身近な人を助けながら革命的な変化を生む。

「ばかなお人よし」にはならないで

思いやり深く、はてしない愛情をもっているため、特にすばらしいジーニアスタイプと言えますが、じつは、いちばんつらい思いをするタイプでもあります。資質を自覚していなければ、隣人の痛みを自分ごとのように引き受け、責任をもって和らげてやらなくてはと考えます。自尊心の低さがあだになるのです。

いつでも人助けに奔走しているのに、自分を大切にしないところがあります。自分のよさを認められず、「周囲に恩や借りを返さなくては」との思いで動いているため、どうしても「もらう」より「与える」ことになります。他人への奉仕を使命と思い、ほとんどわがままは言いません。病気の家族がいれば、自分より優先して看病し、数日休みたくても兄弟に協力を求められません。「人のために働くのが性分で」「嫌じゃないから大丈夫」が口癖です。

善意からの行動が誤解されて、隠れて得をするつもりではないか、と勘繰られるいっぽう、つい人を喜ばせようとしてしまう傾向から、人に利用されがちでもあり、どちらに転んでも損をします。心理学者のアダム・グラントは、著書『GIVE & TAKE「与える人」こそ成功する時代』のなかで、このような人を「ばかなお人よし(doormat)」と表現しています。あまりに寛大な態度がやがて当然と思われ、まるで玄関先のマットのような扱いを受けるのです。

あとに説明しますが、このように〈サークル〉らしい力が未熟だと、ひどく消耗し不幸になるだけです。しかし本来のバランスのよい状態では、生来の優れた知性でどんなことも理解し、世界を変えうる正真正銘のすばらしい天才です。

〈サークル〉の成長過程

ひとつ告白すると、私は主催する「ジーニアスタイプごとの自己開発プログラム」の参加者にこのタイプの人を見つけると嬉しくなってしまいます。これまでにたくさんの〈サークル〉に出会ってきましたが、大半の人は自分をつまらない存在と思っています。ところが、その人のすばらしさには必ずといってよいほど驚かずにいられないのです。そしていつもこう伝えます。「もしあなたが私の目を通して自分自身を見られれば、あなたのスーパーパワーがどれだけ羨ましいか、わかってもらえるのに」と。〈サークル〉は無条件の愛の守護聖人のような人です。それなのに、どうして自分をつまらない存在と思うのでしょう？　こんなにすばらしい人が、なぜこの社会で萎縮するようになったのでしょう？　いつから人間は感覚より思考を優先するようになったのでしょうか？　人生から愛を排除しているかぎり、幸せも充足感もありません。どうやら、愛し合っているはずの恋人や夫婦でも、一緒にいるのは有利かどうか打算をはたらかせる人もいるようですが。

〈サークル〉は「愛」で人生を見つめます。人々を思いやる気持ちから、自分の命と愛を差し出します。そんな〈サークル〉の健全な成長には、自分を大切にしながら使命のために働くことが欠かせません。飛行機の酸素マスクを考えてみてください。機内の気圧が低下するとマスクが飛び出します。同行者を助けるには、まず自分がマスクを装着するよう指示されていますね。

心理学者であり性行動学の研究者でもあるアントニ・ボリンチェスは、「よい夫婦でいるには、自分と別れずに結婚しなければならない」と述べています。同じことが〈サークル〉のあらゆる行動にいえるでしょう。

他人の面倒を見るのもよいですが、まず自分の面倒を見なくてはいけません。自分を大切にし、他人をもっと大切にできるようになる。これは一種のポジティブなエゴイズムです。双方にとってよい、Win-Winの状態なのです。

〈サークル〉の健全な成長に必要な点をまとめると、次のようになります。

●自分のすばらしさを認め、世界に奉仕することに（うぬぼれず）誇りをもつ。
●自分を愛する。自分のため、世界のために、自分を大切にする。

究極の例、ネルソン・マンデラ

この〈サークル〉こそ自分のジーニアスタイプだと共感されている方は多いと思います。そこで、その闇を説明する前に、歴史上最も偉大な〈サークル〉、ネルソン・マンデラについてお話ししましょう。彼は自分の本質をよく理解し自分の心に従って、他人には到底できない偉業を成し遂げたのです。

普通の人間は、人生で最高の時期に27年も獄中生活を強いられれば、恨みや憎しみで行動してしまうでしょう。ところがマンデラは、ものごとは和解によってしか変えられないと知り、愛を武器に、言葉を力に、「愛は生まれつきのものであり、恐怖心は私たちの創造物である」との革新的なメッセージを発したのです。「愛の対極にあるのは恐怖心である」という全人類へのメッセージがそこには込められていました。

刑務所を出たマンデラが手にしたのは、大衆を変革する武器「思いやり」でした。白人と黒人の唯一の違いは意見でしかないと考え、自分の投獄に加担した人々に対しても、「それは当時の腐敗した教育のせいで、彼らも犠牲者だった」と思いやりを示したのです。

思いやりは、〈サークル〉に秘められた大きな資質です。心の底からこの力を発揮するとき、誰もこの人にかなう人はいません。さらに「憎むことができない」という大変な長所も備えています（ただし、憎しみとその場に応じた怒りとは異なります）。

〈サークル〉のもつ闇――被害者意識と自己憐憫

〈サークル〉にとってのクリプトナイトは恐怖心です。「クリプトナイト」とは、スーパーマンの弱点とされる架空の物質ですが、この恐怖心は〈サークル〉のスーパーパワーである「無条件の愛」を眠らせてしまうのです。本来の力を奪われればバランスを失ってしまいます。

あるいは、誰か人の真似をして理屈っぽい行動をするようになると、無意識に自分の力を手放してしまい、その結果、劣等感を抱き自尊心を損なってしまいます。

この人が人生の目的を果たすのは、自分の感性に従ったときです。そして、その決断には虫の知らせ、つまり心のはたらきが欠かせません。〈サークル〉がこの観念に縛られ感情を殺した社会の制約を受け、直感を離れると自分を見失ってしまいます。そして生きる意味を見出そうと、人の役に立とうとするあまり、自分の健康に気が回らなくなってしまいます。それではどれだけ一生懸命になっても結局は味気ない思いをするでしょう。

あるとき私のところへ相談に訪れた忘れがたい女性がいます。両親の世話をしながら独身のまま60歳になった彼女は、人生がむなしく、何の希望も感じられない、自ら命を絶とうと考えたと語りました。しかし、ジーニアスタイプを通じて自分を知るプログラムに参加し、瞑想するうちに、あちこちにさまざまな色や動物が見え始め、愛や生命の生き生きした感覚を取り戻したというのです。

そして「生きる目標がわかったわ！　山小屋で動物の世話や畑をしながら家のない人の力になりたいとずっと思っていたんだわ！」と叫んだのです。彼女は再び自分の力を発見したのでした。長いあいだ両親の世話をしてきた彼女の夢は、これからもそうし続けていくことだったのです。今後は自分のつくる家でそうしたい、と。

人の暮らしを助けながら世界を変えていく〈サークル〉らしい、直感的で創造的な博愛のビジョンです。このタイプの人は自分の才能は無限であると知り、決して自分を信じるのをやめてはいけません。映画監督のアレハンドロ・ホドロフスキーの言葉「籠に生まれた鳥は、飛ぶのを病気と考える」をぜひ覚えておくべきでしょう。

このタイプの人にとって空気や風といった「あやふや」なものは頼りなく、「飛ぶ」などとんでもない罪悪のように思える場合も多いようです。人のために創造性を生かしていくためにも、一度こうした考えを見直してみましょう。

本来の自分を見失うと、「被害者意識」という落とし穴に陥ることがあります。『聖なる予言』の著者、ジェームズ・レッドフィールドは、この被害者意識を他人のエネルギーを奪う不健全な方法だと述べています。見捨てられ、無防備に苦しむ姿を見せ、相手のためにしてきたことの代償を要求する。これ見よがしに愛情を注ぐその裏に要求を隠していたのだとすれば、それはもはや無条件の愛ではなく自己陶酔です。〈サークル〉タイプの人は、心の闇に陥ると恨みがましく人を操作します。何の関係もない相手に自分に起こった不幸ばかり語って聞かせる人も、じつは相手に罪悪感を抱かせて助けてもらおうと操っているのです。

この被害者意識を打ち消すには、心の声に従うことです。心は創造性の源です。そこに創造性は生まれ、観念的な壁を突き抜けていきます。〈サークル〉は「無条件の愛」なのです。心と良識を結ぶアリアドネの糸があり、直感的な博愛の創造性を糧にしているのです。

〈サークル〉の著名人

●チャップリン　山高帽に大きなドタ靴、ちょび髭にステッキという扮装のキャラクターで世界的な人気を得た俳優。２つの世界大戦中、ユーモアと愛にあふれる役柄を演じて世界の空気を少しでもよくしようと、涙の時代に笑いと笑顔を届けた。後年、プロダクション移籍時に破格の契約金がついたのは、彼が人類にもたらした豊かさの結果と言えるだろう。

●ガンディー　平和的な抵抗を闘い抜いた人物。インド独立運動の指導者として、市民の不服従を貫くアヒンサーを実践した。断食による政治抵抗をし、多くの民衆を鼓舞したほか、日用品の「塩」を専売制にしたイギリスに抗議して市民運動「塩

の行進」を主導、数千人の参加者とともに海岸まで300キロの道のりを歩き、そこで塩を両手に取り「私の拳を砕いても塩は返らない」という歴史的な言葉を残した。詩聖タゴールから「偉大なる魂」を意味する称号「マハトマ」を贈られた。

●**キング牧師** アフリカ系アメリカ人の公民権の象徴。この人も愛のもとに闘った。人種隔離をしていたバス会社のボイコットを呼びかけ、1963年の伝説的ワシントン大行進を主導した。そこで「私には夢がある（I Have a Dream）」で知られる演説を行った。1964年にノーベル平和賞を受賞。同年、要求していた権利のほとんどが法制化された。その4年後に暗殺されたが、いまも世界をよりよくしようとする人々の目標である。

●**マザー・テレサ** インドのコルカタ（旧カルカッタ）で45年以上にわたり貧しい人々や孤児、瀕死の人々を世話し、のちに修道会として世界各地で活動した。どこで活動するときも〈サークル〉の力を自覚していた。「私たちは必ずしも大きなことはできません。しかし、大きな愛で小さなことをしていけるのです」という言葉や、「自分のしていることが大海の一滴にすぎないように思われたりもしますが、その一滴がなければ海は小さくなるでしょう」という言葉を残している。1979年にノーベル平和賞を受賞。

CHECK TEST

【チェックテスト】

次の文であてはまるものを選択肢a～cから選んでください。

①周囲に問題をかかえて困っている人がいるとき、

a．その人から私に話しに来るかもしれない。
b．慰めるタイプではない私には打ち明けないと思う。
c．他人ごとには思えず、すぐその人に連絡して話を聞く。

②夕食や会合などで、2人のテーブルに大好きなケーキが1個だけ残っていたら、

a．半分ずつ2人で食べる。
b．もう1人が手を出さないなら、自分が食べてしまう。
c．相手に勧めて自分は我慢する。

③世界のどこかに存在する苦しみを思うとき、

a．「世界には問題も多いが、よいところも多い」と相対化する。

b．なるべく考えないようにして、自分のことに集中する。
c．心が痛み、「自分も何かしなくては」と思う。

④ 他人の意見は、
a．心に留めておくが、あくまで他人の意見だ。
b．まったく気にしない。
c．こちらの気分にとても影響する。

⑤ 私にとって不安は、
a．深刻な事態に直面したときだけのものだ。
b．不安になることはほとんどない。
c．いつもある、日常的なものだ。

回答の選択肢aを10ポイント、bを0ポイント、cを20ポイントとして、合計のポイント数があなたの〈サークル〉タイプのパーセンテージになります。高いほど自分のジーニアスタイプといえるでしょう。

6 RECTANGLE

長方形
〈レクタングル〉

たゆまぬ努力

ジーニアスタイプ＝長方形〈レクタングル〉は、大地にどっしりと構える才能をあらわす長方形です。実用主義（プラグマティズム）的な才能で、生活を複雑なものにせず、また人々の暮らしを楽にしてあげるような仕事をします。

忍耐力と厳しさが必要なハードワークを志します。指示に従う繰り返し作業や細かな作業が苦でなく、すばらしい仕事をする天才です。

このタイプには労働者、機械整備士、農業従事者、漁師、運送業者などが見られます。どの分野でも、シンプルできちんとした暮らしで幸せに生きる人が多いようです。

生まれながらの資質

- 努力家。作業が明確で適切な指揮があれば、巨大建築でも完成させる。人が卒倒するような仕事をやり遂げる。
- 継続力。抜群の発想力より、ねばり強い継続力。休みながら働く人をはるかにしのぐ結果を出す。『イソップ物語』でいえば、ウサギとの競走に勝つカメ。
- 繰り返しの作業をいとわない。投げ出さず腰を据えて取り組める。

●質素に暮らせる。危機のときこれは大きな強みになる。清貧を説いたアッシジの聖フランチェスコは「私には必要なものなどほとんどない。その数少ない必要なものも私はほとんど必要としない」と語った。

飾らない幸せ

〈レクタングル〉は、普段の枠を大きく超えるものを求めません。いま自分がしていることに満足し、それ以上の必要を感じないからです。もともと観念的で、明確な考えをもっていますが、決して誰かに押し付けようとはしません。自分にとっての真理を他者に認めさせようとは思わないのです。

新しい考えについての議論には柔軟に対応しますが、抽象的な世界には興味がなく、いま必要なこと、自分の義務を果たすことだけを気にかけます。

なかには体格がいいため威圧感のある人もいますが、じつは気のいい人です。長所は、人より抜きん出ようとせず、いまあるもの、いましていることで幸せだと思える点です。そのため政治でも軍隊でも高官や幹部にはなりませんが（狡猾でない）、人生に面倒を持ち込まずいつでも安眠できます。

逆境では、持ち前の実直さと短期成果主義でしっかり現実的に対応するため、あまり不安や鬱に陥らずに済むようです。

プライドや面目にこだわらず、どんな状況にもすんなり適応できます。人類の存続に欠かせないタイプといえるでしょう。禁欲的なミニマリストでもあり、減速生活（ダウンシフティング）と呼ばれるライフスタイルとも相性がよいでしょう。

トレイシー・スミスが掲げた「ダウンシフト・マニフェスト」には、次の2つのポイントが述べられています。

●**お金**　収入の範囲内で生活するのが精神的安定につながる。不健全なカード社会では、浪費が増え、返済のため労働が増えるばかりだが、労働時間とは命そのものだ。人生で本当に大切なものは無料だ。お金と健全に付き合うには、自分がもっている以上のお金を使わないことだ。

●時間 自由になる時間がなければ、銀行口座の残高や所有資産、契約サービス数がどれだけ増えても意味がない。人生を味わい、大切な人と共有する時間はどんなものにも代えられない。

〈レクタングル〉の成長過程

自分が安心して過ごせる「実用」と「努力」の枠内にいるのを好みます。だからこそ、成長のためには、その枠を超えて未知の領域を知らなくてはなりません。

枠を出て初めのうちは恐怖心のせいで後悔するかもしれませんが、あとから振り返れば、もったいないことをしていたと気づくはずです。

フィリップ・K・ディックの小説をもとにした、ジム・キャリー主演の映画『トゥルーマン・ショー』では、主人公がこれまでの人生は「観客」を満足させるためのものだったと知り愕然とするシーンがあります。

もちろん、いきなり飛び出すのは難しいかもしれません。少しずつ世界を広げていけばいいのです。そのためには、たとえば次のようなことが挙げられるでしょう。

- 自分の知らない作家やテーマの本を読んでみる。
- 楽器を習う、語学を学んでみる。これまで思いもしなかったが興味のあるものをやってみる。
- いつもの仲間以外の人と付き合ってみる。

これまで思ってもみなかった何かをしてみると、強固な境界線がゆるみ、人生を豊かにし、素敵な何かをもたらしてくれる世界が開けてきます。

〈レクタングル〉のもつ闇――単調な世界に安住

長方形はちょうど枠で囲うような形をしているように、このタイプの落とし穴になるのは、仕事と義務だけの小さな枠に閉じこもってしまうことです。

単調な世界のなかで「人生はそんなものさ」「どうしろっていうんだ、働くしかない」「しょうがない」と繰り返す様子は、汗と涙と時の運がなければ進歩はない、とでも言いたげです。

こうなってしまった〈レクタングル〉のそばでは、創造的な人も輝きを失って、単調な作業とあきらめの世界にのみ込まれてしまうかもしれません。

こうした否定的な側面のせいで、人生を十分に楽しまないまま終わってしまいかねません。枠の外にも人生はあるのです。

〈レクタングル〉の人々

質素と慎み深さが特徴のタイプのため、著名人はいませんが、そのすばらしい才能を示す例を2つ紹介します。

●タージ・マハルの職人衆　2万人以上の職人衆の手で5年の歳月をかけて建造された、世界で最も美しいとされるインドの白亜の霊廟タージ・マハル。レンガ職人や石工、装飾文字の書道家、大工など、多くの〈レクタングル〉たちが大きな愛と努力でつくりあげた。伝説では、建立を命じた皇帝がそのすばらしい出来を見て、二度と同じものがつくれないよう職人たちの手を切り落とさせたと言われている。

●エルゼアール・ブフィエ　ジャン・ジオノの小説『木を植えた男』に登場する架空の人物（当初は多くの読者が実在の人物と信じた）。妻に先立たれた羊飼いの男が、荒野を緑豊かな森に変えようと何年にもわたってドングリを植え続けた物語で、まさに〈レクタングル〉の意義ある目的のために粘り強く働く姿を描いている。

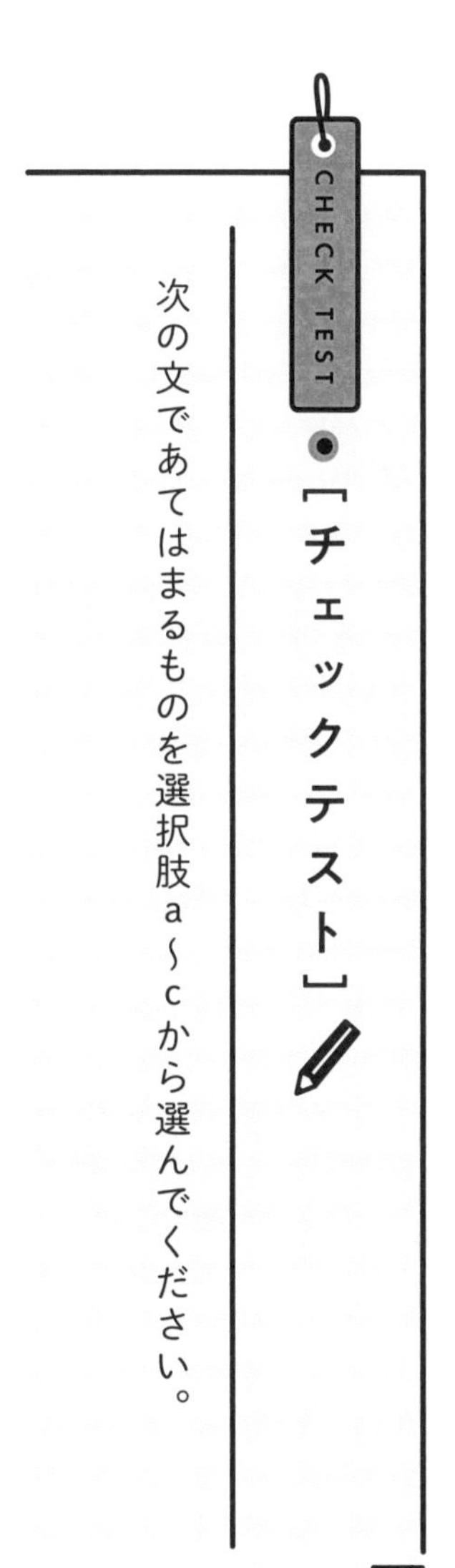

●［チェックテスト］

次の文であてはまるものを選択肢a～cから選んでください。

① 私にとって仕事とは、

a．人生のよりどころだ（そうでないと言う人がいてもかまわない）。

b．人生の一部だ。余暇や休息とのバランスが大事。

c．できれば避けたい悪だ。

② 努力で得られるのは、

a．人生で最も価値のあるものだ。

b．つぎ込んだエネルギーに比例するとはかぎらない。

c．悲惨な結果ばかりだ。

③ あきらかに不条理な命令を受けたとき、

a．義務なので実行する。

b．納得したいので疑問に思ったところは尋ねる。

c．できるかぎり従わないようにする。

④ お金に少し余裕ができたら、

a．いつなんどき必要になるかわからないので、すぐ預金する。

b．一部は預金し、残りは自分の好きに使う。
c．自分の好きなことに使う。人生は楽しむためにあるんだから。

一日の終わりにいちばん満足を感じるのは、

a．するべきことをしたと思えたとき。
b．人のニーズと自分のニーズのバランスがとれる点がわかったとき。
c．自分らしく過ごせたと思えたとき。

回答の選択肢aを20ポイント、bを10ポイント、cを0ポイントとして、合計したポイント数があなたの〈レクタングル〉タイプのパーセンテージになります。高いほど自分のジーニアスタイプといえるでしょう。

7

PENTAGON

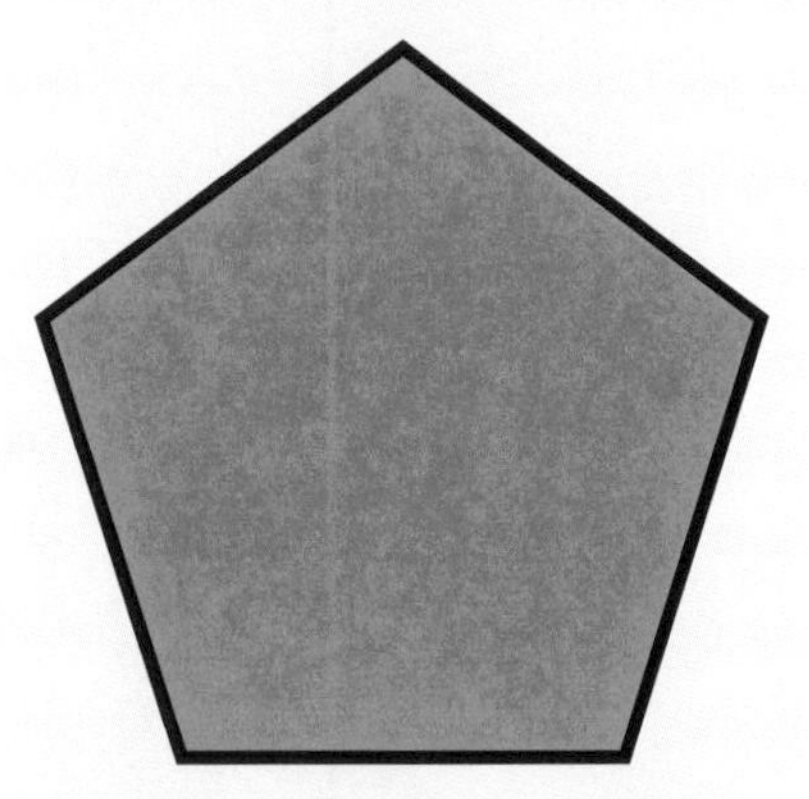

五角形

〈ペンタゴン〉

配慮し手当てする

紀元前6世紀、ピタゴラスの弟子たちは正五角形（ペンタゴン）を健康の象徴と考えました。このジーニアスタイプ＝五角形〈ペンタゴン〉は、人々を治癒し、科学や技術の進歩によって人々の暮らしを楽にしようと目指します。

医者、セラピスト、ヒーラーのほか、科学者、発明家、あらゆる分野の研究者がいます。他者の問題への思いやりと、強い意志、そして飽くなき好奇心の持ち主でもあります。人類にはまだまだ発見すべきものがあると考え、想像力（イマジネーション）をはたらかせながら常にほかの選択肢を探究する天才です。

生まれながらの資質

- 人々の問題への思いやり。もっとよい解決方法がないか常に考えている。世界を救う使命感でスーパーヒーローになる。
- 先見性と気概。既存の知識に満足することなく、変人と呼ばれてもさらに先へ進んでいく。
- 心と頭の絶妙なバランス。理性と直感のどちらにも恵まれ、新たなパラダイムを受け入れる柔軟な人生観と豊かな内面世界の持ち主。

天職、思いやり（コンパッション）と情熱（パッション）

〈ペンタゴン〉には、天命とも呼ぶべき使命感があります。外科医や宇宙飛行士、科学者などは、思いつきでなれるものではありません。ＤＮＡに刻まれた使命なのです。子どもの頃に医者になりたいと思ったから、という医者の話はよく聞きます。高い知性を備えつつ心の声に従って行動するのがこのタイプです。

　このタイプの人は、人を思いやり、暮らしが快適なものになるよう、さまざまに配慮し工夫します。その情熱は、合理的に鋭く考究しつつ新しい可能性にも柔軟に構える、頭脳と心の統合です。この２つを行き来しながら、未来を切り拓いていきます。

　アインシュタインが１００年前に現在も研究途上の理論を導き出せたのは、なぜでしょうか？　飛行機の発明より６００年も前に、なぜレオナルド・ダ・ヴィンチは「空飛ぶ機械」を構想できたのでしょうか？　２人の心には「それはある、できる」との直感があったのです。当時の知識や技術的な問題からは不可能でも、想像力に限界はありません。これが〈ペンタゴン〉のもつ力なのです。

　いったん情熱に火がつくと、時間も忘れ熱中します。例を挙げるなら、新型コロナウイルス感染症の大変な状況の対応にあたってきた医療従事者もそうですし、寝食を忘れ研究に没頭した神経解剖学者サンティアゴ・ラモン・イ・カハルもそうでした。能力を出し尽くすためなら時間は気になりません。手術時間が長引いて勤務時間を延長する医師や実験にのめりこみ生活が二の次になってしまう科学者にとっては、そのときのその仕事が世界の中心になっているのです。

〈ペンタゴン〉の情熱は、考古学者が、周囲の人にはただの石にしか見えないものに狂喜し、新たな遺跡を発見するのにも似ています。この人を突き動かし、充実感を与えているのは、この情熱なのです。

〈ペンタゴン〉の成長過程

〈ペンタゴン〉の成長には、心と頭のどちらにも同じ比重を置いていくことが必要です。頭脳は、当たり前とされるものをさらに超えて吟味し、心は、そこへ到達する手段を生み出すからです。

たとえば、頭脳では地球外生命体の存在を完全に肯定はできません。なぜなら、これまで一度もその存在が証明されていないからです。しかし、心には存在するかもしれないという予感のようなものがあります。これまでＳＥＴＩ（地球外知的生命体探査）プロジェクトに膨大な人材と資金がつぎ込まれてきたことからも、それはあきらかです。〈ペンタゴン〉のアイデアには、凡人の頭では理解しがたいものも多数ありますが、常に革新し、型を破っていくことがこのタイプの成長には必要です。小説家ジュール・ヴェルヌが「人間が想像するものは何であれ、誰かが実現するものだ」と言ったように、まさにアイデアが先にあって、新しいものは生まれてくるのです。

ベルによる電話の発明、エジソンの電球・映画・その他多数、ライト兄弟の飛行機、フレミングによるペニシリン発見、フロイトの精神分析の創始、ラザフォードの原子核発見、リーゼ・マイトナーによる核分裂の発見と検証、ホーキングのブラックホール研究などがそうです。身近なものでいえば、ロジー・ベアードのテレビ、メリタ・ベンツの世界初のコーヒーフィルター、ボールドウィンの計算機、コンラート・ツーゼの世界初のコンピューターなどもそうです。

発明や発見は、まずそれが「ある」と思うところに始まります。たとえ周囲の人には見えず、理解されないものでもそれは問題ではありません。原子もブラックホールも最初からずっと存在していたのに、観念的な壁のせいで認められなかっただけなのです。

〈ペンタゴン〉の天才性は、まさにそれを可視化し、実現させるところにあります。そこに必要となるのは直感と理性の統合でしょう。虫の知らせで進むべき方向を知り、あとは理性と知性で進めるのです。バランスがとれた状態であれば、頭脳偏重と傲慢の落とし穴に注意しながら、適切な情動知能（エモーショナル・インテリジェンス）で日常生活もうまくこなせるでしょう。

〈ペンタゴン〉の資質は親から子へと受け継がれる場合も多いようです。親が医者で子も医者になるというケースは多いようですが、これは親からの強制ではなく、自発的な思いや親へのあこがれによるものでなければいけません。健全な〈ペンタゴン〉であれば、財に恵まれ、人生の機微を知り、日ごろから大小さまざまな問題を解き明かしているため、おのずと尊敬もあこがれも受けているはずです。

〈ペンタゴン〉の本領はまさに型を破る点にあり、子に「自分のようになれ」と強要することは親のためにも子のためにもなりません。

〈ペンタゴン〉のもつ闇――不摂生な生活

注意すべき落とし穴は、頭脳偏重から堅苦しく傲慢になるほかに、情熱にまかせて日常世界を忘れてしまう点です。社会の進歩に貢献するにはある程度の秩序が必要です。仕事に熱中して生活がすさむと、仕事の効率は下がり体調も崩すため、情熱と生活の調和が重要な課題になるでしょう。

後編の「人間関係におけるジーニアスタイプ」でも述べていますが、現実に引き戻してくれる人がそばにいると非常に助かります。仕事に没頭すると食事や休憩を忘れ、親しい人たちとも離れ、情熱だったはずが強迫的なものになってしまうからです。

情熱にまかせればカオスに陥り、知性に偏ると傲慢になる。そうなると日常の不思議から人の生活に役立つものは模索できなくなるのですから、なによりバランスが欠かせません。強迫的な承認欲求から鼻持ちならない人間になると、本来目指していたはずの「人々の暮らしを楽にする」目的からまったく離れてしまい、自分が苦しい思いをするだけでなく、周囲のためにもなりません。

〈ペンタゴン〉の著名人

●レオナルド・ダ・ヴィンチ

史上最高の万能型天才。芸術だけではなく、戦車や潜水艦、さらにはヘリコプターを先取りした機構も設計した発明家。当時は制作不可能だった案も後に実用化され方向性の確かさが証明された。

●マリ・キュリー　ノーベル賞を1人で2つ受賞した初の人物（物理学と化学部門）。その先駆的な放射線研究のおかげで医学は飛躍的に進歩した。放射線を日常的に浴びていたため66歳で亡くなったが、彼女自身「人生は長ければよいというものではありません。最高の人生とは、豊かな善行があることです」と語っている。

●ニコラ・テスラ　異様なほど理解されなかった天才。無数の発明のなかにはインターネット技術を先取りしたものもあった。世界で初めての無線電信機をつくったが、実験室が不審火に遭い、特許はグリエルモ・マルコーニが取得した。いくつもの技術案のなかには、私たちの使っているリモコンもあった。

●アインシュタイン　いかにも〈ペンタゴン〉らしいぼさぼさ頭の写真で有名な物理学者。ヴァイオリン愛好家でもあった。相対性理論など当時の物理学では考えられなかった理論を打ち立てたことで知られている。現代科学の流れを変えたその論文は、スイスの特許事務所で事務仕事の傍ら書いたものだった。

CHECK TEST

【チェックテスト】

次の文であてはまるものを選択肢a〜cから選んでください。

① **ものごとは、あるがままで、**

a. どうしようもないが、もしかすると別の選択肢もあるかもしれない。
b. どうがんばっても変えられない。
c. 少なくとも逆転させるまでは変わらない。

② **人生の目的に充てる時間は、**

a. 一日のなかの一部。あとは身の回りのことをする。
b. 人生に目的などないので、ない。
c. すべての時間。がんばっているわけじゃないが、ついそうなってしまう。

③ **自分が興味をもったことをするとき、**

a. 疲れて手を休めるまで楽しく作業に没頭する。

b．きちんと時間を決めてする。
c．まるでブラックホールのように抜け出せない。抜け出そうとも思えない。

④何かについて、それが存在しない、ありえないと聞いたとき、
a．とりあえず信じて聞く。（あとで違うとわかるかもしれない）
b．根拠があって言っているはずだから、その人を信じる。
c．疑ってみる。反対のことを証明したくなる。

⑤からだに必要なこと（食事や休息、身体衛生など）について、
a．よい習慣を続けたいが、うまくいかないときもある。
b．健康のために何より優先している。
c．場合によっては優先度が落ちるときもある。

回答の選択肢aを10ポイント、bを0ポイント、cを20ポイントとして、合計したポイント数があなたの〈ペンタゴン〉タイプのパーセンテージになります。高いほど自分のジーニアスタイプといえるでしょう。

RHOMBUS

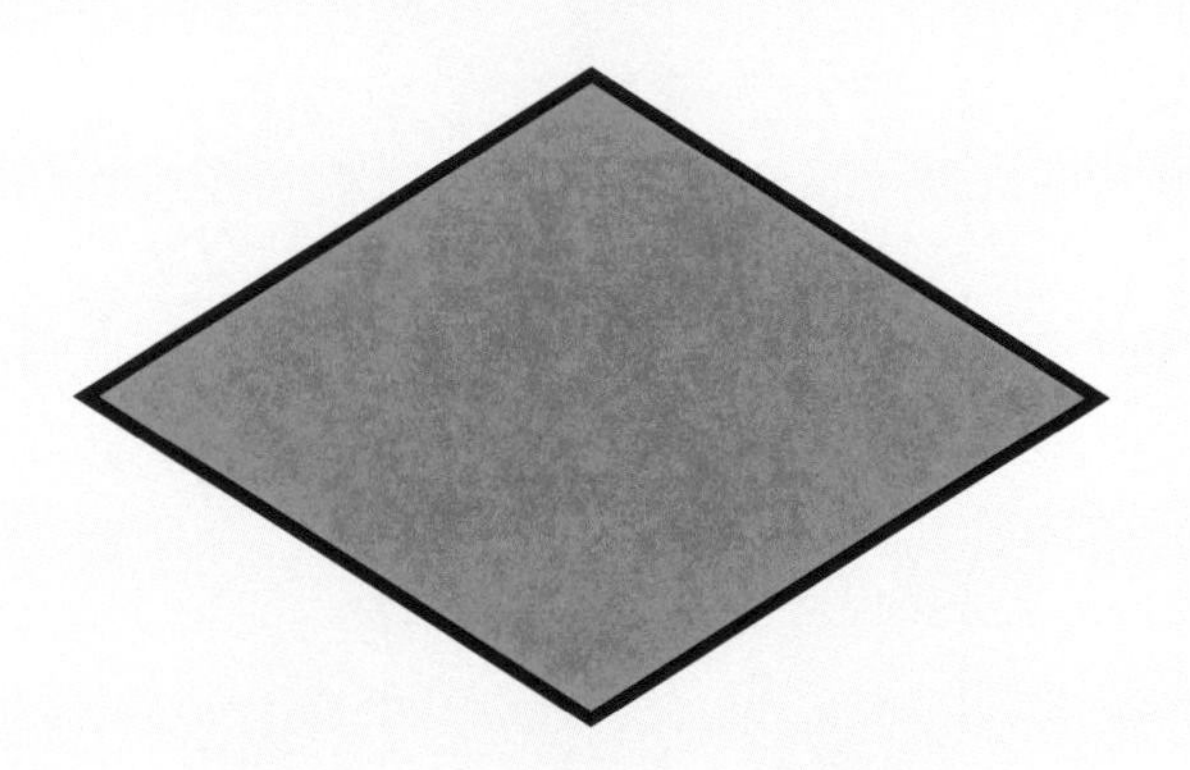

ひし形

〈ランバス〉

超越的なものに親しむ

RHOMBUS

ひし形〈ランバス〉——超越的なものに親しむ

ジーニアスタイプ＝ひし形〈ランバス〉をあらわすのは、上向きと下向きの2つの三角形で構成されるひし形です。神秘主義で「下のものは上のもののごとく、上のものは下のもののごとし」と言われるように、天国と地獄、生と死など、対照的な2つの世界を統合し、つなぐのが〈ランバス〉の本質です。

両極端にあるものをつなぎ、そこを人が通ったり理解したりするのを助けようとします。それは人の悲しみを楽しんでいるのではなく、生命は循環するもので、死への旅にはいつも以上に愛が必要だと知っているからです。この人は「心の人」なのです。

人は自分が理解できない感情から逃げようとするものですが、〈ランバス〉は怒りや憎しみといったさまざまな感情を恐れず直視して理解し、それをわかりやすく私たちに見せてくれます。

個人的には、9つのジーニアスタイプのなかで最も魅力的なタイプです。人々の最後の旅路を見守る人、超越的な世界や密教にかかわる人、霊媒師や透視術者、緩和ケアセラピストになる人もいます。

生まれながらの資質

●大きな思いやりで、痛みや恐怖、不安の渦巻く世界へ向かう人々に寄り添い見守る。
●人間の心の闇や未知の部分に対する理解があり、アートによる表現や活動の支援者として、人々が見落としがちな領域に光をあてる。
●目に見えているもの以上のものを感じ取る力がある。非常に繊細な感覚の持ち主。
●誰もが見過ごすようなものに美を見出せる。

変わった子

周囲の人が気にも留めないものを見たり感じとったりするため、多感な子ども時代は特に苦労します。あるとき「自分はみんなと違う」と思い、笑いものにされるのを恐れて自分のなかにそうした感覚をしまい込んでしまいます。

ところが心を閉ざしてしまうと、気づかないうちに自分らしい資質、つまり、目に見えるものを超え、そのさらに向こうにあるものを知る並外れた力に蓋をしてしまう

ことになります。親がこの特別な力に気づかず伸ばしてやれないと、子どもは自分の世界にふけり、自分の感覚と周囲の意見の板挟みで苦しむようになります。自分の能力を大切にできず、迷信を恐れたり幻覚を見るようにもなるでしょう。

それが行き過ぎると強迫性障害（ＯＣＤ）になります。ベッドから下りるときは必ず決まった足から下ろすなど、縁起ばかり気にし始めます。何かにすがろうとして自分の力を手放してしまうのです。瞑想するときにお香を焚きキャンドルを灯したりするのは素敵ですが、すべての行動が迷信にとらわれると大変です。見えないものを感じる力と思考力が一緒になって理屈をつけ、ありもしないものを「ある」と言うようになるでしょう。

しかし、変わり者と呼ばれても、それ以上にすばらしい点がたくさんあります。それに、本当におかしいのは人生の一部であるはずの死を恐れ、奇妙だと批判してくる周囲のほうではないでしょうか。

特に死をタブー視する文化では、子ども時代に周囲から理解されない状況に苦しみ、そのトラウマから思春期を憂鬱で孤独なまま過ごす場合もあります。

自分の体験や感覚（夜や暗闇が好きで、死後の世界に興味があるなど）をなかなか人に話せないため、自分は不気味で不吉なものに興味をもっていると考えるかもしれません。しかし、もって生まれた才能を知れば、ごく自然に健康的に楽しめるようになります。墓地を散歩したり、そこで勉強や読書をしたり、オカルト的なものに興味をもったり、詩やゴシック的な世界を楽しんだりもするでしょう。黒い服を好み、ガイコツのタトゥーを入れたり、ホラー映画や小説、オカルトや秘教や魔術に関する特別展などに関心をもつかもしれません。このタイプの人の使命は、自分を閉じ込めず人々のためにその才能を生かしていくことなのです。

〈ランバス〉の成長過程

〈ランバス〉は創造性にあふれ、ものごとを深く感じ取る繊細さがあります。その成長に最も重要なのは、心の声に耳を傾けて創造していくための自由と、自分の資質を受け入れて世界に貢献していくための自信です。

作品に風変わりな独特の美しさを盛り込む傾向がありますが、それが大衆に受け入れられると、名作と呼ばれます。たとえば、スティーヴン・キングの小説やティム・

バートンの映画、ブラム・ストーカーの小説『吸血鬼ドラキュラ』などは、内面の深みや複雑さを教えてくれる珠玉の作品といわれます。

〈ランバス〉の仕事は、オカルト世界の再現やこの世とあの世の橋渡しをするだけではありません。優れた心理学者や精神科医になり、心の迷宮に入り込むこともできます。自分の能力が人々にとっても重要なものだと認めるには、やはり自尊心が必要です。人がいちばんつらく苦しい思いをしているとき、道に迷って途方に暮れているときに、帰り道を見つけるのを助けるのが〈ランバス〉です。依存症を脱却する支援などで大きな力になれるのは、自分にも行き過ぎた経験があるからこそでしょう。優秀な法医学者や、緩和ケアで終末期の患者に寄り添う看護師の道に進む人もいます。

老人介護施設で働く私の親戚は、亡くなる人に付き添って1時間でも2時間でも話しかけたり世話をしたりするのが好きだと言います。ちょっと奇妙に思われるかもしれません。でもそれは、〈ランバス〉の自然な姿であり、すばらしい天才性なのです。成熟した〈ランバス〉は、人が敬遠するようなつらい場面にも付き添うことができます。それは、思いやりという至上の愛がなくてはできません。知識と超越性の両面から貢献できる〈ランバス〉の力は計り知れません。自分自身が理解されずに苦しんだ経験から、他者のつらい状況を思いやり、それを乗り越える力になれるのです。この超越性を自分のものとして発揮しなければ、充実感は得られないでしょう。

私の最初の著書『Los secretos para dejar de sufrir（苦しむのをやめる秘訣／未邦訳）』に、ある看護師のケースを紹介しました。「仕事は好きだけど、何かしっくりこない」と感じていた彼女は、自分が〈ランバス〉と知って安心したと語ってくれました。以前は「末期患者の世話を好む自分は頭がおかしいのでは」と考えていたのが、ジーニアスタイプを知って緩和ケアの看護師として働こうと決めたそうです。きっと自分らしさを十分に生かしていくでしょう。

成長のためには、自分にあるのは特殊な能力だと知り、自分を奇妙だとか頭がおかしいなどと思わないことです。〈ランバス〉は、静かで深く思いやりに満ちた愛の持ち主なのです。

〈ランバス〉のもつ闇──はみ出しがち

現在の教育制度では情操教育が考慮されておらず、その影響をいちばん受けているのがこのタイプの人でしょう。人の拒絶を恐れて引きこもり、本来の自分を殺して頭だけで考えるようになってしまう子もいます。

多くの相談者と話すうちに、死や超越的なことを考えてしまう自分はどこかおかしいと考える節があるとわかりました。自分の才能を自覚せず、死体や殺人や拷問といった異様な想像をして苦しんだりもしますが、それは自分の資質をうまく使えていないだけで、頭がおかしくなったわけではありません。

ユングの言葉に「認めたものによって自分は変化する。否定すればとらわれたままになる」とあるように、才能を自覚しないかぎり、不気味な思考と闘い苦しみ続けるでしょう。ひどい場合は、最悪の手段を考えることさえあります。

困ったときは、自己破壊に突き進まないように、経験豊かな〈ランバス〉の力を借りて、自分のよさを伸ばすのがよいでしょう。このタイプの本質は死を乗り越える点にあるのです。そしてそれは、勇気と創造性と愛によるものなのです。

〈ランバス〉の著名人

●ルゴシ・ベーラ　ドラキュラ役で有名になったハンガリー生まれの俳優。この役に強く共感し、実生活でも棺桶で寝たとの噂がある。1956年に米国ロサンゼルスで亡くなり近親者に見送られた。葬儀ではドラキュラの衣装で埋葬され、棺が土に隠れる前にコウモリが出てきたという伝説がある。

●エリザベス・キューブラー＝ロス　スイス系アメリカ人の精神科医。終末期患者など死に至る人々に寄り添い続けた。体験に基づく著作『死後の真実』などで、死の受容プロセスを否認・怒り・取引・抑うつ・受容の5段階にまとめた。死と死期を研究しながら生命を深く見つめた研究者だった。「生きなさい。ふり返っていのちを無駄にしたと後悔しないように。生きなさい。してきたことを悔やみ、別の生き方を望むことのないように。正直で、じゅうぶんな人生を生きなさい。生きなさい」（『人生は廻る輪のように』上野圭一訳、角川文庫）の言葉がある。

●ブラヴァツキー夫人　1831年ロシア生まれ。従来誰も足を踏み入れなかった領域を探究したオカルトの先駆者。神智学協会を設立し、著書『ベールをとったイシス』『シークレット・ドクトリン』などで秘教（エソテリシズム）の基礎をつくった。「精神は現実の大いなる破壊者である。弟子よ、その破壊者を打ち砕け」と、そら恐ろしいような言葉もある。

●スティーヴン・キング　現代の最高のホラー作家とされ、何度もノーベル賞候補に挙がっている。発表した小説は60冊を超え、なかには『キャリー』『シャイニング』『ミザリー』など映画化され大ヒットしたものもある。人間の心の闇をよく描き出せたのは、成熟した〈ランバス〉ならではの仕事。新型コロナウイルス感染症の流行を予見したような小説『ザ・スタンド』（1978年）もある。「何であれ、自分に才能があるとなれば、人は指先に血が滲み、目の玉が抜け落ちそうになるまでのめり込むはずである」の名言がある。

CHECK TEST

【チェックテスト】

次の文であてはまるものを選択肢a～cから選んでください。

①　**黒い服は、**

a・私がいつも着ている服だ。

b・嫌いではない。

c・あまり好きではない。色のあるほうがいい。

②　**私にとって死とは、**

a・生命とペアの自然なことだと思う。

b・仕方ないが、なるべくあとにしてもらいたい。

c・考えたくもないことだ。

③　**ホラー映画が放映されるとき、**

a・出来のよい作品なら怖くても楽しめる。

b. 強く勧められた場面だけ見る。
c. チャンネルを変えるか、見ないようにする。

④ **私は他人の感情を察知する能力が**
a. あり、他人の感情がよくわかる。
b. あまりない。どう解釈していいのかわからないこともある。
c. まったくない。勘がはたらかない。

⑤ **生きる意味とは、**
a. 単純なものではない。目に見えるものがすべてではない。
b. 生きていればそのうち見つかる。
c. 生きることそのものだ。毎日が贈り物だ。

回答の選択肢aを20ポイント、bを10ポイント、cを0ポイントとして、合計したポイント数があなたの〈ランバス〉タイプのパーセンテージになります。高いほど自分のジーニアスタイプといえるでしょう。

STAR

星
〈スター〉

とびぬけた才能

星〈スター〉——とびぬけた才能

最後の紹介になりましたが、このジーニアスタイプ＝星〈スター〉をあらわすのは、ヘブライ人が「ソロモンの印」と呼び真理の象徴とした形象（六芒星）です。また、古代ギリシャでは、五芒星は優れたものを意味するA（アルファ）を5（ペンタ）つもつため「ペンタルファ」と呼ばれました。

〈スター〉は生まれつきの天才、自分の光で輝く人です。ただし、才能の使い方次第ではつぶれてしまう場合もあり、注意が必要です。

どの分野の〈スター〉も足跡を残し、世界の道しるべになることを使命とします。

生まれながらの資質

- まるで努力知らずに見える才能。あまりに自然で、そのために生まれてきたかのように見える。
- 周囲に光を放ち、暗い気持ちを晴れやかにする。まさに希望の光。
- 同じグループの人を育てる。同じ目的のために働く周囲の人も偉才に触発され、飛躍的に成長する（スポーツの花形選手、ロックスターなど）。

恐怖心を乗り越えて

スターは、その名のとおり大きな光をもって生まれてきます。才能を探す努力などしなくても自然に現れ、神童などと呼ばれたりもします。ごく早い段階で自分の目指す道がわかりますが、周囲の「それは無理だ」という声に逆らわなくてはならず、決してやさしい道のりではありません。歴史に残る例をいくつか見てみましょう。

● **アイザック・ニュートン**　母親が息子の才能に気づかず、勉強よりも農業が重要であると、農園を手伝わせるために学校を退学させられた。

● **フレッド・アステア**　初めてのオーディションで「歌は下手だし、髪もさみしい。だが、踊りは悪くない」と散々な評価を受けた。

● **スティーヴン・スピルバーグ**　南カリフォルニア大学芸術学部映画専攻を受験し、3回不合格になっている。

●オプラ・ウィンフリー　現在は米国メディアの女王と呼ばれるが、駆け出しの頃、「イメージがテレビにふさわしくない」とテレビ局を解雇された。

人生の前半にはこんな出来事がよくあります。むしろ、ないほうが珍しいくらいでしょう。多くの〈スター〉は、自分の才能を見失わず、数々の失敗や挫折を乗り越えて成功をつかんだのです。自己啓発書で有名なジャック・キャンフィールドの言葉を借りれば、「あなたが望むものはすべて恐怖の反対側にある」のです。

〈スター〉の成長過程

キャンフィールドの言葉は、〈スター〉が輝くための大切なヒントを教えてくれています。人が何と言おうと、どこかのタイミングで輝き始めなくてはスターにはなれません。サッカー選手のイケル・カシージャスがそのよい例でしょう。２０２０年にテレビ放映されたドキュメンタリー番組『Colgar las alas（翼を手放す）』で本人が語っていましたが、16歳のときにUEFA U-16欧州選手権に出場して優勝し、その翌日登校すると、先生がクラス全員の拍手で祝福してくれたものの、すぐにそれを制して「大変すばらしいですが、それで生きていけるわけがありませんね」と言い放ったのです。

　こうした天才の芽を摘むような無理解は、子どもの頃によく出くわします。しかし、この人の輝きはいずれ誰も否定できないほどまぶしいものになるでしょう。

　周囲との確執に悩む人も多いようです。先ほどのカシージャスも家庭環境に恵まれず、フレディ・マーキュリーやマイケル・ジャクソンも、家族、とりわけ父親を乗り越えなくてはなりませんでした（才能を認めてくれない、金儲けに利用されるなど）。

　そのため、孤独感からよくない仲間と付き合うようになることがあります。マラドーナは、FCバルセロナに所属しペドラルベス地区に大邸宅を構えていた頃、20人から25人もの親戚、友人、恋人などを居候させていたといいます。

　目立つ才能のせいで、利用しようと近づいてくるハゲタカのような人もいます。まず周囲の人を見る目をもち、搾取しようと近寄ってくる人から身を守り、そこから才能を伸ばしていくことが健全な成長のためには必要です。

〈スター〉のもつ闇――孤独と破壊

比較的短期間で大きな成功と莫大な財産を得る場合がありますが、そんな心の準備ができている人はいません。絶えず称賛され崇拝されるなかで、自分を保っていくのは相当な困難です。ポップ・ミュージシャンのジャスティン・ビーバーのように、ファンや周囲からの大きなプレッシャーもあり重い鬱状態になってしまう人もいます。

人々から夢を託され、失敗などするはずがない偶像としてまつり上げられる〈スター〉ですが、そんな要求に応えられる情操教育など受けていません。本人は、ただ可能なかぎり才能を開花させようとしたにすぎないのです。早くから子どもらしさを手放し、急いで大人になったために十分成熟できていない場合さえあります。

マイケル・ジャクソンやフレディ・マーキュリーのほか、サッカー選手のリオネル・メッシも、観衆の前では生き生きと活躍しながら、私生活ではおとなしく慎重なところがあるといいます。もし頼れる家庭環境といった人間関係がなければ、彼らは孤独と自己破壊に陥ってしまうでしょう。60年代後半に活躍したロック歌手、ジャニス・ジョプリンの「毎晩ステージで2万5000人のファンと愛し合っても、家に帰ると独りぼっち」という言葉は、このことをよくあらわしています。

〈スター〉のすごさは、その才能だけではありません。情熱に全力を傾ける姿には見習うべきものがあります。たとえば、マイケル・ジャクソンは完璧な表現を求めて毎日何時間も稽古し、メッシは、まだ少年だった頃にひとり家族を離れて生活し、さらに低身長症治療のためのホルモン注射を自分で打っていました。

自分の才能で成功しようとの思いがあるからこそ、〈スター〉はその力を発揮できるのですが、普段の生活がおろそかにならないよう注意が必要です。学校以外のところに活力の源泉があるため、勉強はできないかもしれません。この人は爆発的な成長力を秘めた才能そのもので、周囲にできるのはそれをスムーズに実現させてやることだけです。ただし、その道を進むと大衆から神や悪魔として扱われたりもするため、家族や恋人、親友との親しい付き合いがどうしても必要になります。〈スター〉は神や悪魔になるために生まれてきたのではなく、その才能のために天高く輝いている1人の人間にすぎないのです。

優れた天才としてではなく、ありのままの自分を見てくれる人から愛されなければ、自己中心の傲慢な人間になり、やがて周りが見えなくなります。そうなると、自己破壊とパラノイアのループに陥り、あっという間に孤独な落伍者になってしまう場合があります。

〈スター〉の著名人

●**モーツァルト** 神童と呼ばれた音楽家。4歳でメヌエットを弾き5歳で作曲、ヨーロッパ中の貴族・王族のためにコンサートを開いた。西洋音楽をすっかり変えたこの天才について、同時代の音楽家ハイドンは、「このような才能は今後100年は現れないだろう」と語った。

●**マリリン・ボス・サバント** 1946年生まれのアメリカのジャーナリスト。雑誌で読者の質問に回答するコラムを担当してきた。ギネスブックで世界一のIQの持ち主として認定されているが、本人はIQをそれほど重視せず、「成功には知能より親しみやすい人であるのが大切」と語っている。

●**フレディ・マーキュリー** ロックバンド、クイーンのボーカリスト。伝記映画

『ボヘミアン・ラプソディ』で広く認知されたとおり、ロンドンのインド系移民として父の無理解に苦しみながらスターへの道を切り拓いた。ロック史上最高の歌声と称えられたが、惜しくも45歳でエイズにより亡くなった。

●**ボビー・フィッシャー**　アメリカ合衆国のチェスプレイヤー。14歳で世界選手権を制して史上最年少の優勝者になり、翌年「インターナショナル・グランドマスター」となって世界最年少記録を更新。アメリカ政府が対ユーゴスラビア経済制裁を敷くなか、その国での試合に参加したために逮捕状が発行された。滞在中の日本で拘留されたが、アイスランドの市民権を得て余生を送った。

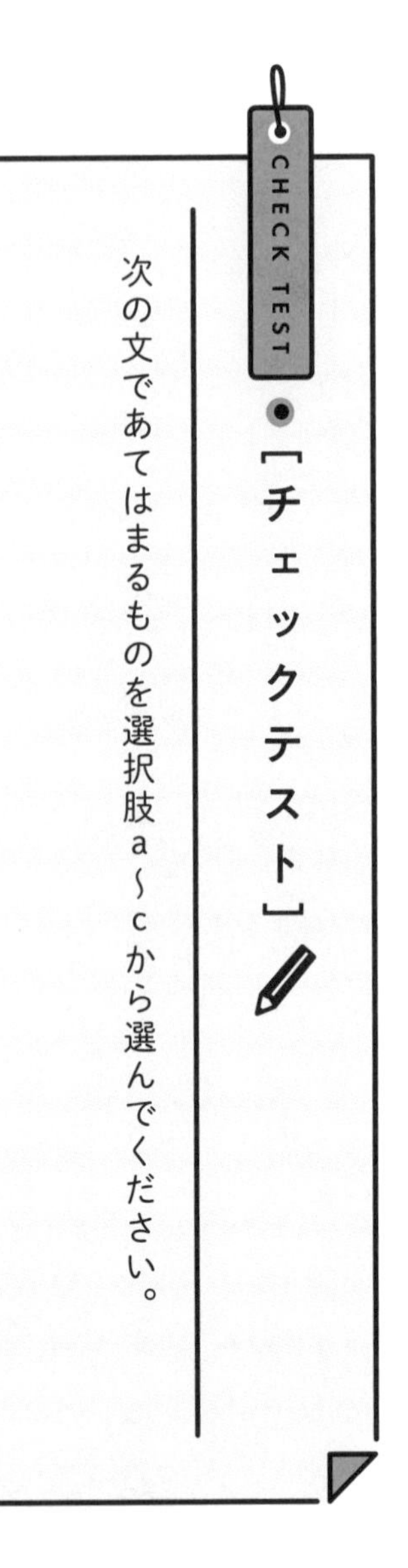

CHECK TEST
●【チェックテスト】
次の文であてはまるものを選択肢a～cから選んでください。

①**自分のすごい才能を知ったのは、**

a．思春期から青年期にかけてだった。
b．いまも探しているところだ。
c．物心ついた頃にはもうわかっていた。

②**自分にとって情熱や熱中とは、**

a．以前よりは熱中というものがわかってきた。
b．何が好きか自分でよくわかっていないため、難しい問題。
c．ものすごく簡単なこと。まさにフロー体験。

③**人との距離が近いと、**

a．比較的うまくふるまえる。
b．それがいちばん落ち着く。
c．自分は内気なため、群衆のなかにいるほうが楽だ。

自分の才能で富を得たら、

a．身内にだけ寛大になる。

b．いつか収入が途絶えるかもしれないので、慎重に管理する。
c．つい誰にでも配りたくなる。

⑤ 私が人生で目指しているのは、

a．情熱の追求だが、それ以外も忘れない。
b．落ち着いたまとまりのある人生にすることだ。
c．私の情熱が人に喜んでもらえるようになることだ。

回答の選択肢aを10ポイント、bを0ポイント、cを20ポイントとして、合計のポイント数があなたの〈スター〉タイプのパーセンテージになります。高いほど自分のジーニアスタイプといえるでしょう。

後編

ジーニアスを解き放とう

10

ジーニアスを目覚めさせる

私たちは電気のことは理解しているのに、
才能のことはさほどわかっていません。

――マヤ・アンジェロウ（活動家、詩人）

10 ジーニアスを目覚めさせる

才能（タレント）は、誰にでもあります。間違いなくあります。人間というものを知れば知るほど、すべての人に生まれつきの才能があるとわかってきます。しかし、だからといって誰もが自分の才能を発見し、伸ばしていけるかというとそうではありません。「自分が特別だなんて全然思えない」と言う人は大勢います。けれども、みんな本当は特別な存在なのです。自分が何に情熱を感じるのか、どんな能力があるのかをちゃんと認識できていないせいで、日々自分のすることを楽しめず、どうすれば満足できるかわからないまま過ごしているのです。

あなたはすでに9つのジーニアスタイプを知り、どれが自分にあてはまるのかもわかったところでしょう。念のために言っておきたいのですが、どんな資質にも優劣はなく、よいタイプも悪いタイプもありません。「本物の才能は名声やお金につながる」というのは間違った思い込みです。いかにもすばらしく見える才能より、素朴でも大きく役立つ才能はあります。

相談を受けていてよく耳にするのは、「私は創造的なんかじゃありません。アイデアはいろいろあるんですが、それだけなんです」という言葉です。よくある思い込みなのでしょうが、聞くたびに唖然とします。「アイデアはいくつもある。それなのに創造的ではない」と言っているのですよね。自分でわかって言っているのでしょうか？ 自分を取るに足らないものと思い込み、そのせいで潜在的な力をふさぎ、自分を騙している。そのメカニズムは本当に驚異的です。

料理をする、文章を書く、発想する、絵を描く、争いを仲裁する、人に寄り添う、家族で食卓を囲む、何かの案内をする、問題を解消する、話を聞く、物語を読む、人を笑わせるなど、こうした生まれもった才能はどれも私たちが思っているよりはるかに大きな「スーパーパワー」なのです。生きていくための大きな力、人を幸せにするために欠かせない力なのです。

あのホーキング博士も介助を必要としました。フレディ・マーキュリーも理解者を求めました。アインシュタインも食事をとる必要があり、マラドーナ選手も仲間が必要でした。マリリン・モンローなら照明係、マイケル・ジョーダンにはコーチ、ロビン・ウィリアムズも笑わせる相手が必要だったではありませんか。

「才能を役立てるためには、有名人のようにならなくては」と思いがちですが、有名人も単純で基本的な才能を必要としていたのです。

ちょっとした才能が世界を変えることもあります。

たとえば、シンプル極まりない「棒」を使って日常を大きく変えた人がいました。エンリク・ベルナは棒つきキャンデー「チュッパチャプス」を生み出し、マヌエル・ハロン・コロミナスは棒の先に雑巾をつけたモップ「フレゴナ」を発明しました。私たちはもう、床拭きのためにしゃがみ込んで雑巾がけするなんて考えられません。あるいは、コーヒーを飲みながらネズミの絵を描こうと思いついたとします。つまらない話と思わないでください。この一見つまらないことこそ、ウォルト・ディズニーがミッキーマウスを誕生させ、一大帝国を築く原点になったのです。

一見シンプルでありながら、じつは絶大な影響力をもつ能力の例はいくつもあります。たとえば、チキート・デ・ラ・カルサーダ（1980年代から2010年代にかけて活躍したスペインのコメディアン。知的でシュールな笑いで人々を楽しませた）のユーモア、カルロス・アルギニャーノ（スペイン・バスク生まれの料理人。テレビの司会やプロデューサー業を通じて栄養や衛生管理の知識を広め、食の楽しみを伝えている）の料理、グレタ・トゥーンベリの環境活動もそうです。「才能」は必ずしも宇宙船をつくったり、ブラックホールの存在を理論的に証明したりするようなものでなくてもよいのです。ただし、それは私たちの日々の生活を豊かにしてくれるものでなくてはなりません。

誰にでも生まれもった資質（ジーニアス）があるのに、多くの人が気づかずにいるのはなぜでしょうか。自分を天才（ジーニアス）と思えない理由には、次のようなものがあるでしょう。

- テレビのオーディション番組やスポーツ競技で特定の能力ばかりが注目されているため、自分の才能がつまらなく思える。
- 人に噂されたり、変な目で見られたり、周りと同じようにしていなさいと言われるのが怖くて、自分の才能を発信できない。
- 自由を奪う教育を受けてきたため（これについては次章で述べます）。

エウレカ！

ここで、私の研究チームの神経科学者、サラ・テリエルの話を聞いてみましょう。

「創造性」を脳科学的に考えるとき私が思うのは、私たちの脳にある、一見まったく関係のない概念を結びつける力です。思いもしなかったつながりが生まれ、「そうか、わかったぞ！　エウレカ！」となるあれです。

私たちは問題に向かうとき、合理的に関係のある要素だけを考え、範囲を絞って答えを探そうとします。しかし、そのように脳の隅々を探すようなやり方では、脳のごく一部しか使えていないのです。認識するエネルギーを使い果たすだけで、本当のインスピレーションが得られない場合さえあります。

科学の分野では以前から言われていますが、十分な時間をかけて何かを研究したあとは、そこから離れてしばらく頭を休ませる必要があるのです（準備段階と抱卵期）。種を蒔いたら、実りを待たなくてはなりません。

そのあいだ、眠りの浅いときや散歩中に「ネットワーク・バグ」とでもいうような、さまざまな領域を巻き込んだ相互作用が起きて、無意識のなかに保存されていた概念が結びつき、思いもよらなかった組み合わせが生まれるのです。これが自分の創造性が目覚め、イノベーションのアイデアが湧くときの仕組みです。

だから、リラックスしているとき、緑のなかを散歩したり、何も考えず運転しているようなときに、問題の答えがふと浮かんでくるのです。ドイツの化学者ケクレがべンゼンの分子構造を解明したのも、夢のおかげでした。
創造性を呼び覚ますには、探究するだけでなく頭を休めるのも大切なのです。

日常における創造性

「創造」と聞くと、何か芸術作品や大きな科学的進歩を思うかもしれませんが、そうではありません。才能(タレント)と創造性(クリエイティビティ)はまったく異なります。創造性は、ものすごい想像ができる人や不思議な才能としてばかりでなく、日常のあらゆるところに見られるものです。何かの問題を解決するとき、そこには必ず創造性があります。気づいていないだけで、私たち誰にでもあるのです。

人は子どもの頃から試行錯誤を繰り返し、進みたい方向に進んでいきます。思春期には、何かを成し遂げたい一心で、大胆さを武器に創造的に道を切り拓きます。ところが大人になると、自分の創造性が見えなくなってしまうようです。誰にでも平等に与えられている創造性を、どうして人任せにしてしまうのでしょうか。

創造性は、個人的にも社会的にも「ウェルビーイング」の重要なカギである、と多くの神経心理学研究で証明されています。何か新しい状況に適応するときも、絶え間ない社会の変化に対応するときも、いかに柔軟に自分を変えていけるかが重要です。人間にとって創造性は欠かせないものなのです。

多くの本に書かれているとおり、進化の原動力は創造性です。たとえば日常生活で、服を着たり、健康に気をつけたり、料理し、会話し、問題を解決するなど、あらゆるものに何らかの創造性がひそんでいます。

そろそろ、よりよく生きるための最高の武器として創造性を認めるべきでしょう。創造性は才能を開花させるものですが、自信を与えてくれるものでもあります。生きていくうえで問題を解決できれば、行き詰まりを避けられ、それが自尊心になります。問題があれば自分の創造性を頼れるのですから、そこからさらに力を発揮していけるのです。

創造性のいろいろ

ピカソは「インスピレーションはあるが、そのとき自分が手を動かしていなければならない」と言っています。創造性を十分に生かすにはどうすればよいのでしょうか。

誰にでも創造性はありますが、その使い方や発揮の仕方は人それぞれです。たとえば心理学者のジョイ・ギルフォードは、創造性には「系統的」「潜在的」「運動性」のものがあると考えました。ミシガン大学ロス・スクール・オブ・ビジネスで教えているジェフ・デグラフ教授は、創造性のレベルとして「模倣」「2つのものからの連想」「類型」「物語」「直感」の5つを提唱しています。

誰かについて創造性が「ある」「ない」と言うのは安直でしょう。

これらを参考にジーニアスタイプの研究をするうちに、私はそれぞれのタイプに特徴的な創造性の使い方があると気づきました。創造性には大きく2つあり、さらにいくつかに分けられると、チームの調査データでわかったのです。

基本的な創造性

●概念的な創造性 状況を分析し、問題解消に最適な概念を適用するなど、課題解決に基づくもの。

● **芸術的な創造性** 芸術を生み、変容させ、巧みに表現する創造性。

● **直感的な創造性** 自分の奥深くから生じる、内面と深くつながる創造性。

根本的な創造性

● **初歩的な創造性** 生まれつき誰にでもある、生きるための実際的な創造性。たとえば、壁の高い位置に絵が掛かっていて梯子がない状況で、なんとか手が届くようにする（椅子に上るなど）。

● **統合的な創造性** 本人の成長に応じて発揮される創造性。基本的な創造性（概念／芸術／直感）の発達に応じて才能は伸びる。

根本的な創造性が人には2つあるはずですが、ジーニアスタイプから外れた生き方では「統合的な創造性」が伸びず、潜在的なフラストレーションになります。「自分はこのために生まれてきた」と思えることをしないのは大きな損失です。

創造性といってもさまざまなのです。なにより、みなそれぞれ独自のやり方で「創造」していると知っておかねばなりません。〈レクタングル〉が自動車のエンジンを修理すれば、おそらく最も効率的な方法を考えるはずです。一見それは当たり前で創造的には見えないかもしれませんが、じつはこれも創造性です。その手際のよさは、それぞれの問題に応じて創造的に解決法を探しているからこそなのです。

人は、人生で目指すものが明確になるにつれて、真の創造性をより自然に、スムーズに発揮できるようになります。

イマジネーションの力

さきほども言ったとおり、想像力（イマジネーション）と創造力（クリエイティビティ）は混同されがちですが、同じものではありません。想像にはルールも限界もありません。誰もがもっているものです。ただし、想像したものを実際に役立てるには、現実世界に適用していく必要があります。

あなたの周りにもアイデアはあるのに実行に移さない人がいませんか？　想像だけで実現しなければ、煙と同じ。アイデアを実生活に役立つものにするには、移ろいやすいイメージにかたちを与えてやる必要があり、そのとき必要になるのが創造性なのです。

アイデアが実現可能かどうかはさておき、イメージすることは、知識の壁を飛び越えるために欠かせません。

小説家ジュール・ヴェルヌは「人間が想像するものは何であれ、誰かが実現するものだ」と言いました。そして卓越した先見の明から、後世に実現されるものをすでに作品のなかに描いていました。

●**インターネット**　1863年に書いた小説『二十世紀のパリ』には、どこからでも情報共有ができる「世界電信システム」のようなものが語られている。

●**月探査**　アポロ11号の月着陸より100年も早く、小説『月世界旅行』(1865年)、『月世界へ行く』(1870年)で月の様子を描いている。

●**南極点・北極点の征服**　探検家ロバート・ピアリーが北極点到達を果たす40年前に『ハテラス船長の冒険』(1866年)で北極点への探検を描いた。

さあ、いまはまだ存在しないものをあなたも想像してみましょう。さらに、それを実現する人になろうではありませんか。

「知識より想像力が重要である」

このアインシュタインの言葉は、人間のよくない部分をうまく言い当てています。人間は理性で動くべきと思われていますが、理性だけでは人生はうまく理解できません。「つじつまが合う」という理由だけでは、見えないものを信じ、本当は見えているはずのものを見ないことにつながります。そんななかで、見落としがちな結びつきを見つけるのが才能の力なのです。

別の言い方をすれば、才能は表出するときに情熱に火をつけ、新しいリアリティを生み出すともいえるでしょう。スティーブ・ジョブズも「偉大な仕事をするには、仕事に愛をもつべき」と言っています。これはモチベーションではなく、才能の原動力である情熱について語っていたのです。才能、つまり、生まれながらの資質、あるいは能力といってもいいでしょう、それが動き出すのは情熱のおかげです。情熱には、火をつけなくてはいけません。それはもう自分のなかにあるマブイの一部なのです。

マブイ：自分の魂

数年前、私はある本に衝撃を受けました。フランセスク・ミラージェスとエクトル・ガルシアの共著『外国人が見つけた長寿ニッポン幸せの秘密』です。なかでも特に惹きつけられたのが次の一節でした。「『マブイ』は、生きているわたしたちそれぞれの真髄のこと。魂であり、生命の源である。マブイは永遠不滅で、ひとりひとり異なっている」（齋藤慎子訳、エクスナレッジ）。

マブイについては、日本の祖先だけが語っているのではありません。あとで述べるケン・ロビンソンも著書『才能を引き出すエレメントの法則』で、「多くの人がエレメント（自分の才能）を発見できないのは、自分に備わった本来の機能や能力を理解していないからだ」と述べているのです。この「本来の機能や能力」こそ、ジーニアスタイプの根源なのです。

これらの言葉は、私にとって長年続けてきた研究の裏付けになるものでした。誰もがみんな才能をもっている。それぞれ独自で決して消え失せない。そのマブイがあるからこそ、私たちはすばらしい天才にもなれ、この生まれつきのものと一体になってこそ、人生を愛し情熱をもって生きていけるのです。

僕らはロボットじゃない

自分自身を知るには、当たり前と思うものも含め、すべてをじっくり見直す必要があります。あって当然と思う能力にも、自分にないと思っている能力にも、当たり前のものなどないのです。

さきに創造力（クリエイティビティ）と想像力（イマジネーション）を混同しがちだと述べましたが、才能（タレント）と天才性（ジーニアス）の概念もどこか曖昧なところがあります。

●**才能**　これは、私たちが生まれながらにもっている適性や能力で、人生の目的を有機的に展開させていくものです。

●**天才性**　これは、持ち前の才能を本物のすばらしいものに変容させていくものです。

サッカー選手は誰でもサッカーの才能（タレント）をもっていますが、その適性や能力をどう伸ばすかは、その人の天才性（ジーニアス）にかかっています。それは、自分の適性や能力を自覚し、注意を向けて、その達人になるために才能を伸ばしていくから生まれてくるのです。

心理学で洞察（インサイト）と呼ばれるものがあります。この洞察のおかげで、人は自分の内なる真実をとらえられると言われています。洞察には次の3つがあります。

● **知的洞察**　読書やセラピーなど、知能への刺激から生じる洞察。

● **情緒的洞察**　心の奥底から湧き出る洞察。理解・感情・意識をすべて伴い、最も強力。

● **構造的洞察**　自分が意識しているものを明確化するために、知識や感覚を意識的または無意識的に関連づける洞察。

どの洞察も、世界と自分をよく知るためのものです。心理学者のダニエル・ゴールマンの著書『ＥＱ　こころの知能指数』でも指摘されているように、ＩＱは過大評価されています。ＩＱだけでは、成功はおろか幸せにもなれません。私たちは知能ばかりに頼ろうとしますが、それほど知能が重要なら、私たちは全員同じ考えをもつようになるでしょう。しかし現実にはそんなロボット現象は起こっていません。同じような教育を受けながらそれぞれ違う反応をするのは、最終的に人間らしさが勝つからではないでしょうか。

人が感情を押し殺すと病気になるのは、感情が理性に劣らない力をもつ証拠です。感情エネルギーはどれだけ抑え込んでも消えません。この最も人間らしい部分を抑え込んで病気になるのなら、逆に、本来の自分らしい感覚を大事にすれば、きっと健康になるでしょう。

知能ですべてがわかるなら、人生の不思議などはどれもとっくに解明されているはずです。ところが人間の精神については、まだかなりの部分が解明されていません。宇宙についてはなおさらです。この宇宙は１３０億年前にできたと考えられていますが、それに比べ人間の平均寿命は70年から80年程度です。そんな短い時間ですべてを知り尽くそうとするのは馬鹿げています。想像力について力説したアインシュタインは、知能の限界を超える人間の力のことを指していたのでしょう。

理性や理屈ですべてを理解し処理しようとすると、感情は死んでしまいます。この世で最も高度なエネルギーのバイブレーション、つまり「愛」から遠ざかってしまうからです。

私たちは、「才能」が「心」と直結していること、そして「才能」が「情熱」を原動力にしていることを忘れてはいけません。才能を無視し情熱を放置することは、愛と天才性を自分で排除しているのと同じです。

幸せの音色

そうと気づいた私は、アインシュタインの相対性理論を学び始めました。するとそこで不思議なことが起こったのです。

こんな研究をしていますが、私の本業は音楽家です。私は人の気分を変えてしまう音楽の力にずっと魅了されてきました。たとえば車に乗り込んだときは腹を立てていたはずなのに、ラジオから流れる曲に合わせていつの間にか楽しく歌い出していたりすることがあるでしょう。そうした音の力、音楽の力にはきっと何かがあると思っていました。

そこにアインシュタインが登場し、100年前に物質から原子をつきとめ、そして原子から素粒子へ、素粒子からエネルギーの波束へ、さらに波束から音楽や色彩としてあらわされる11次元以上の振動する超ひも理論に至ったというのです。電子は毎秒約500兆回振動していて、その振動が音や色を生み出すのだ、と。つまり、宇宙は音と色の協演するシンフォニーということではありませんか。

宇宙は音でできている！　私は人生でずっと求めてきた答えを得たのです。すっかり興奮してしまいました。

そうなったら今度は音の研究です。さまざまな周波数を試し、録音方式もバイノーラル（ダミー・ヘッド内に取り付けた2つのマイクで録音し、臨場感のある立体的な音を再現する）を導入するなど実験を重ねながら、瞑想用に作曲し、人に聴いてもらい、その反応からさらに研究を続け……。その結果、人にはそれぞれ異なるバイブレーションがある、人はそれぞれ独自のエネルギーの持ち主であるとわかったのです。

ジーニアスタイプの研究を進めるなかで、私はエネルギーの重要性を知りました。量子力学の創始者であるヴェルナー・ハイゼンベルクが「宇宙は物でできているのではない。もっと深遠で微細な何かによって発せられる振動エネルギーのネットワークでできている」と述べた、まさにそう実感できるようになったのです。

これらの「場」と「ネットワーク」を考えながら私がたどり着いた結論は、樹木や大地、植物といった自然の生命がそれぞれあるべき姿に成長するように、人間もそれぞれの姿に成長していくのだ、ということでした。森に生える木がすべて松ではないように、すべての人がみな同じ才能を伸ばすわけではないのです。そうでなければ、全員が建築家、全員が木工師、あるいは全員が音楽家になったりするでしょう。しかし、人はそれぞれ異なる情熱をもっているのです。

ジーニアスタイプの原点

そうとわかると、また次なる疑問が湧いてきました。なぜマイケル・ジャクソンは子どもながらに自分は建築家ではなく歌手だとわかったのでしょうか。初めてマイクを握ったときはまだ小さな子どもだったのに、まるでプロのようだったといいます。

恋人や大親友との出会いもこれに似ています。初対面なのにずっと前からの知り合いだった気がするのです。マイケルもきっとそれで音楽学校に行かなくても、自分の才能と将来の仕事がわかったのでしょう。

これを念頭に研究を進めるうちに、徐々にパズルのピースがはまっていきました。心理学者や神経科学者などの専門家の協力も得て、9つのジーニアスタイプのモデルができ、さらに、人生で目指すべきものがわからず自分らしさを感じられないという人のための演習やテストも開発できました。

自分の天才性（ジーニアス）がわからないからといって、天才性がないというわけではありません。なぜかいつも決まった状況に陥ったり、同じようなアクシデントが何度も起きたという経験はないでしょうか？　それは、どこかおろそかにしているものがあるという警報なのです。自分には生かしきれていないものがある、と宇宙が親切にも教えてくれているのです。ところが、私たちはそうしたサインが読めず、気づかないまま同じ行動を繰り返しているのです。

よくある間違いは、誰かの真似をしたり足跡をたどってみることです。それは間違いなく不幸につながります。持ち前の才能を生かして楽しんでいる人を見て、それを真似ればうまくいくのではないかと考えがちですが、それでは何の役にも立ちません。なぜなら、体験は一人ひとりまったく異なるものだからです。

自分がわからないという苦しみから脱出しようとするとき、模倣はてっとり早い出口に見えます。自分の天才性を知らないために、自分のマブイと生命力にそぐわない生き方をしている。だから、他人の人格というかたちでエネルギーをもらい、少しでもつらい思いをせずにやり過ごそうとしているのです。

しかし、どのジーニアスタイプも本質はそれぞれ異なります。他人の真似をして才能や資質の源である自分らしいエネルギーを別の何かに合わせてしまえば、自分らしさから遠のく思考パターンや癖を身につけてしまい、結局はフラストレーションや欠乏感をかかえるようになります。天才性は無限なのに、わざわざ思考で蓋をするようなものです。

それぞれの自分らしさ

本書の冒頭にも書きましたが、ジーニアスタイプは自分を知るためのツールで、心を手がかりに頭脳にアプローチし、適切な方向に進めるようにするものです。そこでは、あなたが「いまどんな人になっているか」ではなく「もともとどんな人か」が重要になります。生まれつきの適性や武器となる能力を結集させ、才能を伸ばし天才性を開花させてくれるのがジーニアスタイプです。

好みや思考、思想はいくらでも変えられますが、本質的な部分は決して変わりません。生まれつき医者に向いている人は、弁護士になっても幸せではありません。医者にはならなくても、セラピストなど医療分野で働くのが幸せでしょう。

演技のうまい役者には内気な人も多いそうです。ところが舞台やカメラ前に立った瞬間、天才性（ジーニアス）が炸裂して、まるで別人のように見えるのです。その変身ぶりは、その人が自分の本質に従っているからこその輝きとバイブレーションのエネルギーそのものです。外見と本質が入れ替わる瞬間ともいえるでしょう。それを知らない私たちは周囲を見て流行を追い、自分自身に逆らっているのです。その結果、自分らしさとかけはなれた、好きでもない、給料のためだけの仕事をするはめになります。

人は、それぞれ自分らしさを表現するために生まれてきたのです。それには、よそ見ばかりするのをやめ、自分を見つめなくてはいけません。いまがそのときです。自分がわかってくると、直感が才能を教えてくれるようになり、そこでようやく才能が世界に表現されてきます。才能も直感も本能も、どれもが生まれつきのものなのは、決して偶然ではなく何か理由があるのでしょう。

たとえば私は音楽家ですが、声には恵まれませんでした。どう歌えばよいか知識としては知っていて、正しい音程で歌えますが、とても魅力的な歌にはならないのです。発声器官という身体的な問題なのでしょう。適性からして、そこに私の才能はないのです。訓練はできても、生まれつきの才能とは言えません。成功は、自分の感覚が告げるものに従うときにやってきます。躊躇する気持ちをわきにおけば（これだけでも大きな一歩です）、あとは生まれつき備わった自分の資質がすべて引き受けてくれる。自分の感覚が教えてくれるのです。

この世界は迷いの世界と言えるかもしれません。そこで頼れるのは、自分の感覚の確かさだけです。雌鶏には自分が卵を産む確信があります。それは、その雌鶏ができることであり、その雌鶏にしかできないことでもあります。私たちの感覚は、私たちにとっての卵を教えてくれているのです。

これは単純なたとえですが、自分の自由が利くものに集中するのが大切なのです。それは自分の感覚、自分の本質に忠実であるということにほかなりません。決して見せかけの自分や思想に従うのではありません。それは他人の承認を得る努力でしかないのです。

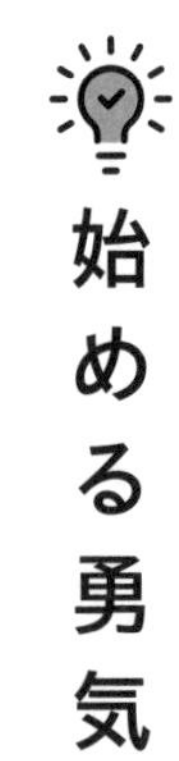

始める勇気

自分の感覚に従っているとき、私たちは内なる力に助けられて目標に向かっていきます。その力が「探求心」です。このすばらしい力のおかげで、私たちは可能性をさぐり、新たな状況にも対処できるのです。もう1つ、ジーニアスを解き放つのに欠かせない力は「注意力」です。何かを習得するには注意深くなくてはいけません。この力のおかげで世界が教えてくれるものを受け取り、さらに創造性を育んでいけるのです。

私の直感が、自分の感覚に従ってよいかどうか、それが自分に合っているかどうか、私にもほかの人々にもよいものになるかどうかを教えてくれる。そこで、私は勇気を出して着手する。自分を知り、探求心をもち、注意力を磨く。このジーニアスを育てるための要件に、「始める勇気」も加えましょう。

しなければならないと知りながら後回しにしていては、チャンスとは無縁のまま無気力と不満で終わってしまいます。いまこそ、情熱が失せてしまう前に、もう1秒たりとも無駄にせず、最もとりかかりやすい小さなものから手をつけましょう。歩き始めたら道は見えてきます。考えてばかりでは、いつまでも先延ばしになります。ゴールにたどり着くには歩くしかないのです。ゴールは、歩きながら、つまずくたびに立ち上がり、見直していくものなのです。

20世紀の世界に革命を起こしたイギリスのヘア・スタイリスト、ヴィダル・サスーンの名言に「成功（success）が努力（work）よりも先に来るのは、辞書の中だけ」というものがあります。「彼は運がよかった」とか「ここに投資すればすぐ金持ちに」という愚痴や宣伝文句は、すべて嘘です。「運」をあてにするのはやめましょう。どれだけ才能があっても行動しなければ、現実には魔法など起こりません。２０００年以上前にソフォクレスも「成功は努力次第」と言っているとおりです。

愚痴を言って何もせず、少しでもうまくいかないと投げ出して、自分の才能を育てず、いつもの安全な場所に落ち着いてしまう人は大勢います。しかし、そんな風にあきらめると、実行することへの躊躇と実行しなかったことの罪悪感がどこまでもつきまといます。たとえば、新しい事業を始めようとしたとき、ちょっとした障害にぶつかって「ほら、やっぱり」という周囲の声が聞こえる。応援してくれる人がいない気がする。最悪の状況を想像して、まだ始めてもいない事業を投げ出してしまう。エネルギーは、才能のために使われないと、延々と無駄な考えへと消えていきます。

何もしない人ほど「そんなのは無理」とか「無駄だ」と言い、「自分の責任（家族など）を考えれば、いまあるもの（正規の職など）を捨ててはならない」と忠告してきます。自分ができなかったせいで負け惜しみを言う人は多くいます。

しかし忘れないでください。自分の感覚に従って実行する自由は、誰にも奪えません。あなたの思いは周りの人が決めるのではありません。やってみようともしない人より、あなたのほうが絶対に有利な位置にいるのです。

他人の恐怖心

アメリカの作家エリザベス・ギルバートのエピソードは、自分の感覚を信じ、人生を賭けた人の好例です。ずっと情熱の対象だった執筆に専念し書き上げた小説『食べて、祈って、恋をして』（のちに映画化）は世界的なベストセラーとなり、ついに彼女は作家として認められるようになりました。ここまでは、「自分の才能を知り、世に発表し、情熱が認められた感動的な話」ですが、これには続きがあります。

小説が売れるまでは、誰も可能性を信じてくれなかったそうです。よくある話です。しかし、成功したとたん今度は「過去の人」のように言われ始めたのです。「次の本が売れなかったらどうする？」「これ以上のものが書けるはずがない」「これだけ感動的な話はそうそう書けるものじゃない。あとは下り坂だね」と、偏見に満ちた言葉をしょっちゅう投げつけられたといいます。

彼女はずっと他人の恐怖心に悩まされてきたのです。10代の頃、「作家になりたい」と話すと、必ず「成功しないんじゃないか」「出版社に断られても平気なのか」「夢が叶わず、挫折と貧乏で死ぬかもしれないぞ」と言われたそうです。しかし彼女は他人の心配を理由に道を変えたりはしませんでした。「自分はこのために生まれてきたと思っているのに、それを怖くないかと尋ねるなんて、ばかげた質問でしょう」と語っています。まったくそのとおり、これ以上ないほどばかげた質問です。

固い意志で自分の感覚に従い追求していけば、力はかたちとなって新しいリアリティを生み出します。

考えてもみてください。宇宙は、あなたに自己実現させようとしながら、最後の最後に挫折させるほど残酷なのでしょうか？——いいえ、宇宙がどこまでも拡張し続けていくためには、あなたが最大の力を出してくれたほうがいいのです。あなたには人生のあらゆる面で豊かに楽しんでもらう必要があるのです。

凡庸から優越へ

この社会には、平凡と否定からくる順応主義（コンフォーミズム）が幅を利かせています。新聞やテレビでよいニュースを最初に挙げるのを見たことがあるでしょうか？　たいていは、よくないニュースやセンセーショナルな記事、誰かの不幸が一面に報じられます。

10 ジーニアスを目覚めさせる

　こうした空気に慣れきってしまうと、悲観とあきらめの態度が身についてしまい、よほど幸運でないかぎり成功しないのが普通と考えるようになります。無力感で投げやりになって、よりよい人生のための闘いをやめてしまうのです。こうした空気は社会に広く浸透していて、「未知の幸せより既知の苦しみのほうがいい」という決まり文句まであります。無力感が生来の天才性や感情よりも強力だとは、驚きです。

　人生の目的にチャレンジした結果が失敗だったとしても、それは未来を限定するものではありません。それどころか、失敗を重ねるごとにあなたは成功に近づいているのです。失敗するたびに、知らなかった自分の才能が見えてくるのです。

　ぜひ本書の前編にある自分のジーニアスタイプの内容を役立ててください。もし荒野の真ん中で進むべき方向を見失ったように感じているなら、改めて自分を知るべきときなのかもしれません。これまでずっと自分と向き合わずにきたのなら、すぐにわかるとは思わず、じっくり時間をかけてみるのです。

　才能は、それが自分らしいものであるほど大きく生かせます。自分の才能がまだわからないという人は、まず自分を知る必要があります。本当の自分らしさをぜひ発見してください。弱気を返上し、言い訳をせず、オープンに構えていれば、偏見も自分探しの悩みも消えていくでしょう。

アメリカの俳優イーサン・ホークは、困難を乗り越えた自身の体験を通じてこの問題を語ってくれています。「創造性とは、その人が生まれつきもっているものの表現であり、私たちは成長し、自分を表現し、自分を知り、自分は何が好きかを知らなくてはならない。好きなものがわかると、自分らしさがわかり、そこから創造性が広がっていくのだ」と。ビル・ゲイツも「世界で何か成し遂げようと思ったら、怯えていてはだめだ。結果が出せない」と語っています。

アメリカで最高の笑顔といわれるジュリア・ロバーツが映画『プリティ・ブライド』で演じた主人公は、婚約しては結婚式で逃げ出すという騒ぎを何度も繰り返すなかで、あるとき、婚約者に合わせてばかりいたせいで、自分の好きな卵料理がわからなくなっていることに気づきます。そこで落ち着いて自分自身を知ろうと、ありとあらゆる調理法で卵を料理し始めます。これはシンプルな方法ですが、改めて自分自身を知るとてもよい方法です。これまでエゴが否定してきたものも含め、もう一度あらゆる可能性を見直してみるのです。

自分の資質を無視していてはうまく進めないように、失敗や人の噂を気にするときも、やはりうまく進めません。私たちの前進を阻むのは、周囲の人々や社会、文化から刷り込まれてきた思い込みと強く結びついた考えだったり、身内の「お前にはこれがいちばんだ」「おまえのためだ」といった言葉だったりします。このほかにも、私たちの目標達成を阻むものとして「エデュカストレーション」がありますが、これについては次の章で説明しましょう。

不安から自信へ

神経科学者のダビ・デル・ロサリオによると、「不安」と「自信」には同じ神経ネットワークが使われるそうです。つまり、不安と自信はバーター関係にあるといえます。不安が大きいほど自信は小さくなり、逆に自信が大きければそれだけ不安は小さくなるのです。このことから、才能を発揮するには自分への信頼が重要だとわかります。

これについて、Facebook創業者のマーク・ザッカーバーグは「急速にすべてが変化する世界では、リスクをとらないのが最大のリスクだ。間違いなく失敗する」と述べています。フォード・モーターの創業者ヘンリー・フォードは「失敗するより、あきらめてしまう者のほうが多い」と断言しています。

エジソンが電球を発明するときに1000回失敗した話は有名です。何度失敗しても、自分の工場が火事で焼けてもあきらめませんでした。だからこそ、エジソンの名前は歴史に残ったのです。その他大勢の人々と同様、エジソンにも数々の努力と失敗があったとは知らない人も多いようですが、成功とは努力と根気と自分自身への信頼の賜物なのです。

そう、失敗は決して悪いものではありません。そこから学ぼうとしない場合のみ、不都合なものになるのです。大切なのは失敗から教訓を得ることです。悲観してしまわないかぎり観察できるはず。俳優のハリソン・フォードも「失敗すれば、よりスマートにやり直せる。最高じゃないか」と言っています。

周囲の雑音から自分を守るには、目標に向かうのを邪魔する人とは距離をおき、その人に理解してもらおうとする無駄なエネルギーを使わないようにします。集中しなければならないときは、瞑想で気持ちを落ち着けるのもよいでしょう。ジーニアスを育てるためのトレーニングとして、次の内容が役に立つかもしれません。

瞑想とは生きることだ

もしあなたが、瞑想とは一日のうち一部の時間だけ自分自身とつながり、本質を感じる訓練だと思っているとすれば、それ以外のときの自分は、自分ではないのでしょうか？　それではあまり意味がありません。理想は、一日中自分らしくいること、生活のあらゆる場面で瞑想の注意深い状態を保つことです。

優れた瞑想の指導者は、まず呼吸を意識するように教えます。瞑想は生きるための手段そのものである呼吸を通して行われます。つまり、瞑想は「生きる」という当たり前のことに気づくための方法なのです。

瞑想では、静かに意識的に呼吸し、「いま、ここ」に生き、いまこの瞬間を最大限に感じようとするものでもあります。全身の細胞、内臓、そして思考さえも、現在にしか存在しないという気づきです。どんなに過去や未来について考えていても、実際の体験は現在でしかできません。このように、瞑想と人生はどちらも「いま」という瞬間にあるもので、瞑想とは人間のありのままの状態といえるでしょう。

ジーニアスタイプの研究では、才能があらわれ、天才が成長する「いま（プレゼント）」と真に出会うために、瞑想が重要であると考えています。私たちの才能という「贈り物（プレゼント）」とつながるために、私は多くの曲を作曲し、バイノーラルサウンドなどさまざまな実験を重ねてきました。

瞑想とは、自分の周りに何が起きているかに注意を払っている状態です。瞑想がよくわからないという人のために、簡単なエクササイズを紹介しましょう。

1. いくつかのリンゴを目の前に置きます。
2. 目を閉じて深呼吸をします。目を開け、リンゴを1つ選びます（考えず直感で）。
3. リンゴの皮をむくか、または洗います。このとき意識を集中してください（電話に出たり、メッセージアプリや映画配信を見たりしない）。その場には自分とリンゴがあるだけです。

4. リンゴを一口かじり、その味に意識を集中します。
5. 目を閉じてゆっくり噛み、じっくり味わいます。
6. あわてず、ほかには何も考えず、時間をかけてリンゴを一口ずつ味わいます。自分の栄養になってくれることを思い、食べ終えたらリンゴに感謝します。

リンゴに注意を向けることで、かけがえのない現在を自然に体験できるのです。自分が栄養を摂っていると完全に意識し、五感を通じた深い体験ができます。

このエクササイズを生活のあらゆる場面で実践してみてください。

たとえば前後の行動は一切考えず、ただシャワーを浴びる体験を味わい楽しんでみるのです。それが瞑想であり、「いま」を生きるということなのです。「自分になる」のは決して難しいことではありません。

いまこの瞬間にフローする

瞑想も才能も情熱も、すべて「いまこの瞬間」に生まれるものです。これを意識することは、エックハルト・トールの名著『さとりをひらくと人生はシンプルで楽になる』でも述べられているように、大きな力になります。

作曲も瞑想の指導も、それをしているときは未来ではありません。必ず「いまこの瞬間」にしかできないのです。音を感じ取り曲にするには、自分の才能が「いまこの瞬間」に使えなくてはだめなのです。

そうして全力で取り組むとき、それは非常に楽しく、熱中するので時間はあっという間に過ぎ、ハンガリー出身の心理学者ミハイ・チクセントミハイが命名した、あの「フロー状態」を味わえます。

自分の才能に没頭するとは、真の瞑想なのです。目を閉じたり、マントラを唱えたり、香をたく必要ありません。そこにあるのは自分と自分の情熱だけで、時間が心地よく流れていきます。これは悟りの状態に近く、いまこの瞬間にしていること以外は

10 ジーニアスを目覚めさせる

何も考えず、完全に一体となって振動している状態なのです。

悟りとは、直感や本能、情熱、才能、注意力など、内なる美徳の再発見でもありません。悟りは、人里離れた神聖な場所に求める必要はありません。もっと近くにあるもの、「ここ」にあるものなのです。そして、自分の才能を受け入れることが悟りへの近道になります。

天才(ジーニアス)になるために特別なことをする必要はありません。すでにある自分自身を見つめ、育てていけばいいのです。すべてはいつでもそこにあるのです。

11

教育の異常

才能は教えられないが、呼び覚ますことはできる。

——ロバート・シューマン（作曲家）

現代の教育が子どもたちの多様な才能を大切にしていないのは明らかです。それどころか画一的な考えをもたせ、同じような子どもをつくり出すものになっています。小さな天才たちに教える目的は大学入学や就職で、すばらしい能力を伸ばし、幸せになれるようにするものではありません。

私はこの現象を教育（エデュケーション）に見せかけた去勢（カストレーション）と考え、「エデュカストレーション」と呼んでいます。もともと子どもに備わっている、人生を豊かにするはずのものを断ち切ってしまうからです。

それぞれの可能性に配慮し、よい部分を存分に伸ばすように育てられたら、自然と自分らしい生き方になり、どんなにシンプルでよいだろう、と思うのです。

学校や教育システムだけではありません。教育は家庭から、つまり両親や保護者に始まるものです。ここでも、親の期待や代々続く呪縛などではなく、子どもの本来のあり方を尊重して育てていかなくてはなりません。

「ひとかどの人物になれるよう勉強しなさい」という言葉をいったいどれだけ聞いてきたでしょう。まるで「ひとかどの人物」が「幸せ」を意味しているようです。しかしそれは、経済的安定や社会的地位といった観点でしかありません。

要するに、教育は私たちの才能や資質を伸ばし発揮していくものであってほしいと私は言いたいのです。現状はそれには程遠いものに思われます。

ケン・ロビンソンの講演

これまで何度も名前が出たケン・ロビンソンについて紹介しましょう。教育界の世界的権威とされてきましたが、2020年に新型コロナウイルス感染症の大混乱のなかで惜しくも逝去されました。

TED Talksでの「学校教育は創造性を殺してしまっている」と題した講演は、亡くなった当時TEDチャンネルで史上最高の再生回数6600万回以上を記録し、それとは別にYouTubeチャンネルでもかなりの再生回数がありました。

その数年前の講演「教育の死の谷を脱するには」では、才能を開花させるための必須要件をいくつか挙げ、人間は本来多様なものであると認める必要も訴えていました。

つまり、私たちの使命は「自分らしさを発見すること」なのです（みなさんもそのためにこの本を手にしているはずです）。

ほかにも、成功するための要件として好奇心と努力があります。世界的な成功を収めた人々（核物理学者や世界的なシェフ）は、絶えず現実（リアリティ）を実験し、確かめ続けているのです。たとえ結果がはずれても、いつも好奇心を持ち続けています。

まるでT・S・エリオットの詩そのものではありませんか。

「私たちは探究をやめない　その果てには　もとの出発点にたどり着き　初めてその場所を知るだろう」の「その場所」とは、「自分自身」です。本書を手に取ってくださっている親愛なる探検家のみなさんには、自分のなかの宝物を残らず見つけていただきたいと思います。

まずは、ケン・ロビンソンが挙げた、才能を伸ばすための4つのカギを見ていきましょう。

1. **失敗の覚悟がなければ独自性は出せない**

学校は発明やイノベーションの役に立つどころか、テストでの間違いを罰し思考を規格化する工場のようだ。科学の進歩は試行錯誤のおかげだったと思い出すべき。

2. **いまの子たちは将来、いまはない仕事をするだろう**

私の意見をつけ加えると、これは大人にも言える。変化し続ける世界で、しかも複雑な変化に対応していくには、知識の蓄積より「内省」や「熟考」が必要になる。それぞれが自分の才能をもとに、いまはまだ存在しないものを考えていかなくてはならない。

3. **創造性は習得できる**

私たちが本を読めるのは、たくさんの本に触れてきたおかげだ。アイデアも同じで、アイデアが多いほど世界が広がり、さらにアイデアが湧く。表現テーマやアイデアを熱い思いで語ってこそ、統合的な創造性は育つ。

4. **最高の自分を発揮できるのは好きなことをしているときだ**

自分の本領(エレメント)でこそ、最高の自分を発揮できる。魚がそのエレメントである水を必要とするように、自分にとってのエレメントが何であるかを知らなければならない。快適な環境、自分の好み、何が得意かを考えてみるといい。エレメント以外のところで成功しようとするのは、砂漠で田植えを試みるようなものだ。

4つのカギに加えてもう1つ、私がすばらしいと思った言葉がありました。

「唯一私たちにわかっているのは、未来は異なるだろうということです。それなら、私たちも同じように変化を吟味していくのが賢明というものでしょう。そうした困難に立ち向かうには、人間に備わった資質についての認識、それをいかに伸ばすかについての考えを改めなければいけません」

これは、自分の資質「ジーニアス」をしっかり受け止め、そこに賭けていかなくてはならないとも言い換えられるでしょう。

必要性から機会志向へ

さらに掘り下げるため、我々のチームメンバーで教育心理学者のセシリア・ファブレガットに語ってもらいます。

いま教育機関では、生徒たちの多様性を十分理解し、それぞれの生徒に機会が与えられるように求められています。

教授会や研修会、教育心理学者たちの会議で、教育専門家がよく口にする言葉があります。それは「インクルージョン」です。「インクルージョン」とは、すべての生徒がその特性や障害（学習障害、運動障害、経済的・社会的困難など）に妨げられず、日常生活を自律的に生きる手段や方策を身につける教育を受けられる状態にあるべきだ、とする態度です。

ところが現実はそれには程遠く、教育機関にはそれぞれの生徒に対応するために必要な要員も資材も十分そろっていません。そのため、子どもたちが平等な教育機会を得られないという問題が起きています。

ここで言っているのは、なにもセネガルからスペインにやって来たばかりの子どもで母語はマンディンカ語、へき地から見知らぬ国の大都会の学校に通うことになった、さらに養子縁組で慣れない家族との生活が始まったばかり……といった事例ではありません（もちろんそうした状況は、子どもの大きなストレスになり、一時的に学習機能不全に陥る場合もあります）。

そうではなく、もっと身近なケースで、2桁の割り算ができないために低評価をつけられるような子どもを指して言っているのです（私たち大人は、大人数で食事をしたあと、割り勘の支払いに携帯電話の電卓機能を使っています）。2桁の割り算を覚えさせる時間をほかの才能のために使えるようになれば、隠れた天才（ジーニアス）がもっと大勢現れてくるのではないでしょうか。

幸い教育界も進歩し、状況は変わりつつあります。

最近では、すべての子どもがみな同じ内容を同じように学ぶべきかという問いに「ノー」という答えが聞かれるようになってきました。これは、学校で一般的な知識を教えないという意味ではなく、学習に対する見方を改め、学習目標に届かない科目があったからといってその生徒が人生でやっていけないわけではないと理解するべきだ、と言っているのです。

児童心理学者として10年以上の経験をもつセシリアは、日常に何らかの支障をかかえる子どもたちを見ています。経験上、大変な思いをするのは子ども本人ではなく周囲の人である場合が多いそうです（回り回って結局は本人がつらい思いをするのですが）。

誰でも自分を天才と思わせてくれた先生や、逆に自分をみじめな気分にさせた先生の思い出があるでしょう。

最近では人生のどんな局面にも優れた評価ツールがあるのに、学校には生徒の生かすべき長所や才能を知るためのツールがないといいます。

このジーニアスタイプのモデルを役立ててもらえるよう、私は取り組んでいくつもりです。

現在の教育現場では、勉強の成績が優秀な子どもばかりが注目されています。しかしそうした生徒は少数で、大半の生徒は普通の成績です。また、別の少数派として（障害の有無にかかわらず）普通より学習のスピードが遅い生徒がいます。教育システムはそうした生徒に対して、学習の好機という観点より、必要性に注目しています。

もしその生徒に才能を伸ばす機会が与えられたら、どうでしょうか。現場への支援が乏しいなか、その子がクラスに追いつけるよう教師が多大な努力を払っても必ずしもうまくいかない状況から、見方を改めて「息子さんは、数学の成績は目標に達していませんが、クラスのなかで衝突してもうまく話し合いで解決でき、話力と社交性に非常に優れています」のように言ったらどうでしょう。

かなり違って聞こえませんか？　これは希望になるでしょう。まず子どもの優れた能力に注目すれば、すべてが変化するのです。さらに、それは才能を伸ばすだけでなく、本人の満足や幸福にもなります。

人は、自分の得意なものを評価されると自尊心が高まります。自分は何が苦手で、それをどうすればよいかがわかると、自分の状態をよりよくとらえられるようになります。

情操教育が導入されれば、子どもたちはものごとをうまく乗り越えていく力、レジリエンスを身につけるでしょう。自尊心と自信をもち、ありのままの自己像をよくとらえられるようになった子どもは、どうなるでしょうか？

幸せな大人になるのです。

セシリアがジーニアスタイプのプロジェクトに加わった理由がここにあります。教育の世界をよりよいものにしたいと目指しているのです。

知力の初期化

従来の教育は均質化のためにあり、まるで同一の製品を大量生産するように私たちのすばらしい資質（ジーニアス）を初期化（フォーマット）してしまいます。

誰もがみな教育機関を通過していきますが、この「教育（formar）」の語源は、もとの文書から別のものへの置き換えを意味するラテン語のformareで、「初期化（formatear）」の語源でもあります。つまり、私たちは生まれつきの才能や能力に関係なく「教育」され、ドグマともいうべき時代の価値観に適合させられるのです。そうして期待される市民として社会におとなしく従い、全員参加のエンドレス・レースにいそしむようになるのです。これが「エデュカストレーション」で行われる本質からの切断です。

私のチームに所属するソーシャルワーカーのリジア・エストゥルクは、この現象を次のように説明しています。

「学校はこの社会に適応した人間になるための概念を教えることに重点を置きます。大事なのは知能だと考え、それ以外の能力を後回しにする風潮はそこから生まれます。そして私たちは、協力より競争、主体性より生産性を追う大人になっていくのです。これは生徒の意欲を削ぎ、個人の可能性を奪う教育モデルです」

こうして人間性を奪われた市民は、重要な知識は初めから自分のなかにあると忘れてしまっています。旅のゴールは自分の内面であり、ただ心を見つめさえすればよいということを忘れてしまっているのです。

才能は自我（エゴ）からは生まれません。「もって生まれたもの」なのです。それは、ビジネスプランからではなく、生物的な本性、マブイから生まれるものなのです。

しかし教育を受けるとき、私たちは日々の出費を賄い、生きていかなくてはならないと教えられます。自分の本質や能力とは関係なく、果たすべき目標を教え込まれるのです。これを私は「第一の異常」と呼んでいます。音楽でいえば「音の狂った状態」

といえるでしょう。

「ラットレース」のなかで

この唯物主義的な人生観は、ハワイ出身の実業家で『金持ち父さん　貧乏父さん』の著者、ロバート・キヨサキの言う「ラットレース」に私たちを追いやります。稼ぎを得るために走り、支払いを済ませ再び走り出す、終わりのないレースです。

このような人生観では、自分の本質であるマブイを見失い、幸せになる仕事など夢物語だとあきらめてしまうのも無理はありません。

「大人になるべき」「責任感をもつべき」と自分に言い聞かせ、生活のために本来の自分とは何の関係もないものになろうとするのです。自分をだますために、頭のなかでは巷のフレーズを使った巧妙な説得が行われます。「仕方がない」「人生なんてそんなもの」「生きていくのは大変だ」、果ては「なんとかして生きなきゃ」というものまであります。

しかし、それは本当でしょうか？　自分自身に逆らい、ストレスをかかえ、心身ともに病んでしまうのなら、それは「なんとかして苦しまなきゃ」と言ったほうが正しくはないでしょうか？

こんな決まり文句が繰り返される世界で、誰もがみな「ラットレース」に参加していれば、自分もその考えを受け入れ従わなければいけない気がしてきます。ですが、見慣れたものが普通とはかぎりません。人間は地球上で最も進化した動物のはずなのに、自分の労働力を競売にかけるしかないとは、普通ではありません。

宇宙が私たちを生んだ目的が、ただ生きて、人生の目的など考えず生活の費用を賄わせるだけだなんて、決して普通ではありません。

努力しては文句を言い、欠乏感に苦しみながら生きている動物など人間しかいません。まったく普通ではありません。

韓国出身のドイツの哲学者ビョンチョル・ハンは、仕事とは労働が権利であるかのように信じ込まされた非常によくできた奴隷制だと言います。そして悲しいかな、私たちはそう信じてしまっています。

これは、失業を発生させ、働けるのは特権だと信じ込ませる非常によくできたシステムなのです。「明日の朝、仕事に行けなかったら？」「食料を買い、住宅ローンや家賃を支払うお金は？」……そんな思いで「ラットレース」から抜け出せずにいるのです。

この経済の仕組みのなかで生きていても、意識のどこかで私たちは「これではいけない」と感じています。

お金のために人生の時間を切り売りしなければならないなら、それは権利ではなく強制です。「すばらしき奴隷制時代へようこそ」

さあ、あなたには3つの選択肢があります。

- 自分をだまし、おとなしく「ラットレース」のなかにいる。
- 体制の文句を言い、嫌がってみせるが、「自分には変えられない」といつもどおり過ごす（これこそ世界が悪化する原因です）。
- 自分らしく生きる。本当の自分でいる、みんなと同じにならない（競争ではなく、長所でそうなる）。つまり、自分の天才性を知る。マブイが情熱と才能を無限に生み出す源泉であると知る。

自分の殻を飛び出そう

「隠れた才能は名を売らない」と言ったのは、ロッテルダムのエラスムスでした。才能は世に出さなければ、ないに等しいのです。144ページに記した「基本的な創造性」がなければ、人生は平凡でつまらないものになります。

その罠から抜けるには、自分のジーニアスタイプを知り、極めていく必要があります。そうすることで私たちは人生で目指すものを意識的に達成していけるようになるのです。繰り返しになりますが、歌を歌うのが人生の目的なら、事務仕事で充実感が得られるはずはありません。自分の性分に合わない仕事をして輝けるはずがありません。完全な奴隷の仲間入りです。

これは、もはや社会現象ともいえる「第二の異常」でしょう。

自分の人生をプライベートと仕事に分け、1つの人生を2つの世界に分断するなど、こんなおかしな話はありません。

すでにある「私」とは何のつながりもない仕事など、どうしてできるのでしょう?

自分らしい仕事なら、それは愛に満ちたフロー体験になり、イマジネーションが刺激され、自分の宝ともいえる統合的な創造性がはぐくまれます。反対に、自分に逆らった仕事をすれば、単調さに情熱はかき消されてしまうでしょう。

どうです、「ラットレース」から抜け出す計画を立てたくなってきませんか？自分の殻を飛び出し、自分らしく生き、自分の天才性（ジーニアス）を存分に発揮するほうがいいのです。

では、どうすればその天才性を知ることができるのでしょうか。もう少し詳しく見ていきましょう。

ジーニアスを知る

アメリカの有名なモチベーショナル・スピーカー、ジグ・ジグラーによると、人は自分が時間・才能・能力をうまく生かせていないと知ると、多かれ少なかれ必ず不満を感じるのだそうです。この不満こそ、自分がマブイに忠実でないと教えてくれる警告なのです。それを改めていくには、もっと自分をよく知らなくてはなりません。

すでに述べたように、この研究のために私はさまざまな分野の優れた専門家に協力してもらっています。常々言っていますが、科学とは意識に光をあててくれるものだと私は考えています。そのため、生物学者や神経学者、心理学者、教育心理学者、コーチングの指導者といったメンバーでチームをつくり、才能についての研究やジーニアスタイプの診断方法を開発してきました。また、各タイプの成長に必要となるものの体系化にも、彼らの協力を得るのが重要と考えてきました。


メンバーの1人、心理学者のアドリア・トゥルヒーヨは、「ジーニアスタイプは、人間関係、適職や天職、影の側面とその克服方法などの情報が凝縮されていて、自分の本質的な部分を理解するのに役立つ」と説明しています。

人が順調に成長していくには、自分の考え方、感情、行動、ひいては人生そのものをできるだけよく知っておく必要があります。ジーニアスタイプは、この繊細なかじ取りが必要な作業を成功させるロードマップになるのです。

健康心理学（心理的作用が健康や疾病にどう影響するかを究明する学問）という観

点からは、人間の経験を理解するには、生物学的要因、心理学的要因、社会的要因を考慮した「生物心理社会モデル」が重要だとアドリア・トゥルヒーヨは言います。つまり、日常の出来事に身体はどう反応しているか、どう考えているか、自分の支えとなるネットワークがどれだけあるかを考慮しなくては1人の人間を理解することはできないのです。

ジーニアスタイプでいえば、〈スクエア〉は〈サークル〉や〈ランバス〉、あるいは〈インフィニティ〉と同じようには考えません。また、それぞれ人生に求めるものや天職、好む職業や人間関係も決して同じではありません。

ジーニアスタイプを知ると、社会的要因はどう変わるでしょうか？　どうしても合わない人と離れたり、親和性のある人たちとの絆を強めたり、自分の心理的な状態をとらえる心内知性（セルフコンセプト）を高めたりできるでしょう。

身体的にはどんな変化があるでしょうか？　自分に合った仕事がわかり、お金のために嫌な仕事を無理にするストレスを減らし、慢性的なストレスのせいで起こる細胞の老化を抑えられます。

さらに心理的要因として、考え方や感情によってプラセボ効果やノセボ効果が身体に現れる場合もあります。この健康のテーマについては、次章でチームの栄養士、ラケル・バレラが詳しく説明します。

自分自身を知ろうとするとき、ジーニアスタイプは自分や周囲の人々がつくってきた考え方の障壁を取り除くのに役立ちます。長所も短所も認め、自分の本質に逆らうのをやめ、自分にとって「よい母親」のようになれるのです。

自分がどんな人間かがわかれば、罪悪感や不満、(自分や他人に対する)恨みはなくなっていきます。周囲や自分の心に起きる出来事のとらえ方が変わり、なにより自分が何をするために生まれてきたのか、何を使命としているのか、何の役に立てるかがわかるようになるのです。

大切なのは、自分がどのジーニアスタイプか知ることではなく、日々自分のジーニアスタイプを生かしていかに自分らしく過ごすかです。それが完全なマブイを経験する唯一の方法なのです。

12

人間関係における ジーニアスタイプ

2人の人間の出会いは、2つの化学物質の接触に似ている。反応が起これば、両者とも変化する。

――カール・グスタフ・ユング（心理学者）

12 人間関係におけるジーニアスタイプ

私たちはいつも誰かとかかわり合いながら生きています。にもかかわらず、人間関係というのはまるで流砂に足を取られるようにままならないものです。相手をよく知っているつもりでも、嫌な思いをしたり（または、させたり）、怒ったり、悩んだり、口論したり、悲しんだり、思わぬ反応が返ってきたりもします。家族、友人、恋人、仕事仲間、……どんな相手でもそうです。問題は、どんな関係かではなく、どれだけ相手を知っているかなのです。

そこでこの章では、プライベートと仕事上の人間関係について、それぞれ掘り下げていきます。

もし上司や家族、親友、同僚、あるいは重要な顧客との付き合いが最高のものだったら、人生はどんなにすばらしいものになるでしょう。

そのためには、理解し合おうとする姿勢が必要です。そこから出発しなければ、なぜあの人はおせっかいしたがるのか、人を傷つける人がいるかと思えば、温かく励ます人もいるのはなぜなのか、理解できません。

多くの場合、私たちは思い込みで相手を見ながら付き合っています。自分のニーズや期待という虚構のうえに付き合っているのです。

人間は他人を自分の考えで判断しがちです。しかし、その判断（judge）以前に、先入観（prejudice）があります。相手がまだ何も言っていないうちから、なぜあれこれ思うのでしょう。初対面の相手を判断するとき、その判断はいったいどこからくるのでしょうか。

あなたが付き合う相手には、知り合いもいれば見知らぬ人もいます。でも多くの場合、その「知り合い」は、自分の勝手な判断やニーズからくる思い込みで付き合っているだけの「まったく未知の人」であったりします。これを改めていくには、まず相手を未知の人と考えて付き合っていくのがよいでしょう。

本当にお互いを知っているか

先入観で人と付き合えば相手と真の体験ができず、それはもったいないことです。ある人に一目ぼれしたと思ったのは、じつは相手の姿や印象から昔の恋人やあこがれの人を思い出したからかもしれません。

好きになる人や恋愛パターンがいつも同じという人もいますが、あれは私たちのなかの古い精神的プログラムの仕業です。もし素直に相手を見られれば、先入観で見たときとはまったく異なる、ありのままのその人が見えてくるはずです。

そうすれば、ある日突然相手が別人のように見えたりはしないでしょう。「別人のよう」に見えるのは、相手は初めからそうだったのに、自分が都合のよいイメージで見ていたからなのです。

ジーニアスタイプを知っていると、相手に掛けた覆いを取り払えるようになります。知り合ったばかりの相手を知るだけでなく、自分自身についても、どう人とかかわっているのかを気づかせてくれます。

この本を執筆中、私の「ジーニアスタイプによる自己啓発プログラム」の参加者に「なぜか人とうまく付き合えなくなった。人とうまく話せなくなり、もどかしい」と訴える少女がいました。プログラムに通ううちに、自分を知り、話がはずむようになった相手もいるが、逆に距離を感じるようになった相手もいる、と。彼女の話から、それは優越感やエゴのせいではなく、互いの感性の問題だとわかりました。

彼女には、あなたのジーニアスタイプが〈インフィニティ〉だから、自分らしさが出せるようになってきたことで、哲学好きの人や、すばらしい人生観と柔軟な考えの人に親しみを覚えるようになったが、そのいっぽうでゲームばかりしている人や、人間的成長より外見や体力にこだわる人には共感しづらくなっているのだろうと説明しました。

このように、ジーニアスタイプがわかれば、「うまく付き合えない」「嫌なやつだ」「我慢できない」のような偏見が徐々になくなってきます。特徴的な行動もわかり、もっとああだったら、こうだったらと見当はずれの期待をせずに済むようになります。

たとえば〈レクタングル〉の人に冒険は求められません。ところが一般的には、結婚してしばらくすると、相手に自分の望みどおり変わってほしいと言い出す人は多いようです。さらに時間が経つと、よく知っていたはずの相手がじつはまったく未知の人だったと気づいて、困惑する場合さえあります。実際には、歪んだ見方が消え、現実の相手が見えてきたにすぎないのですが。

2つの事例

人と人が付き合うときに問題になるのは、それぞれが自分のジーニアスタイプに沿った生き方をしているかどうかです。自分自身とうまく付き合えているか、とも言えます。

ここで2つの例を見てみましょう。ジーニアスタイプの組み合わせは同じですが、男女が逆のパターンになっています（紹介にあたり当人の了承を得ています）。

1つめの例は、女性が〈エリプス〉、男性が〈レクタングル〉で2年ほど付き合っているカップルです。女性は〈エリプス〉のなかでも〈インフィニティ〉をアセンダントにもつタイプで、新たな可能性に対して常に柔軟で創造的な人です（ジーニアスタイプのなかには「アセンダント」をもつものがあります。ホロスコープ用語ですが、ここでは自分のマブイの幅を広げてくれるもの、より深く自分を知る助けとなるものを意味します）。

彼女は自分自身を知ろうと努力してきましたが、本当に好きなこと、つまり知識を広げるための創造には踏み出せずにいます。それとは正反対の事務職を続けていて、諸々の事情から決心がつかない状態でいました。彼女自身状況を自覚し、それが苦しみの種であるとわかっています。

いっぽう、パートナーの〈レクタングル〉は、自分の内面を表現するのが得意ではありません（何度か会いましたが好人物でした）。しかも、このケースでは本人がその必要を感じていません。工業関係の仕事で十分な収入があり、やりがいも感じ、満足しています。彼女から内面を打ち明けてほしいと言われていますが、その必要を感じていないため、思いはわかるのですが、煩わしく感じています。

ここでジーニアスタイプが役立ちます。彼女は一見何も悪いことはしていません。ただ心を開いてほしいと求めています。〈エリプス〉ゆえに、そうせずにはいられないのです。ところが〈レクタングル〉の彼にはその気がありません。〈レクタングル〉にとって自分自身を知ることはさほど重要でなく、いま彼はその必要性を感じていないのです。

よく見ると、女性は人生が思うようにいかない不満をかかえ、男性は十分満足しています。〈エリプス〉の女性本人に自覚はないかもしれませんが、相手に嫉妬していてもおかしくはないでしょう。フラストレーションから、なんとか状況を変えたい、自分の状況を理解したい、と変化を求め、八つ当たりで「話ができない」とパートナーを責めているのです。

もし逆に、〈レクタングル〉が打ち込めるものがわからずフラストレーションを感じている場合は、相手に自己成長を求めたり、気持ちを聞き出そうとはしないはずです。〈レクタングル〉は、ひたすら我が道を進み、相手に不満をぶつけたりはしません。

2つめの例は、男性が〈エリプス〉、女性は〈レクタングル〉がベースで〈サークル〉をアセンダントにもつタイプの夫婦です。一緒に暮らして19年、夫は音楽家としての仕事に喜びを感じています。波のある仕事ですが、50歳近くなったいまでも音楽の仕事で生活できることを誇りに思っています。この幸福感のおかげで、何に対しても柔軟に構え、いかにも〈エリプス〉らしく、周囲の状況や人生の諸々など、あらゆることを理解します。

妻のほうは、自分の情熱がどこにあるのかわからずにいるものの、夫の存在を心強く感じています。〈レクタングル〉の彼女にはそれで十分なのです。あまり外出もせず、家で夫の帰りを待つ生活に満足しています。

これらの例から、良好な関係のための大切な2つのポイントがわかります。

●自分のジーニアスタイプに沿って生きる。

●相手のジーニアスタイプを知り、受け入れる。

ジーニアスタイプにかまわず相手を変えようとすれば、大変な思いをするのは目に見えています。結局くたびれて、「どうしても変わってくれない」「もうどうすればいいかわからない」「こちらは努力したのに」というあきらめや怒りになるでしょう。

でも考えてみてください。猫に「一緒に暮らすからには吠えてもらわなきゃ困る」と要求する人がいるでしょうか。〈エリプス〉ならシュールに吠える猫を想像できそうですが、〈レクタングル〉には無理な話でしょう。

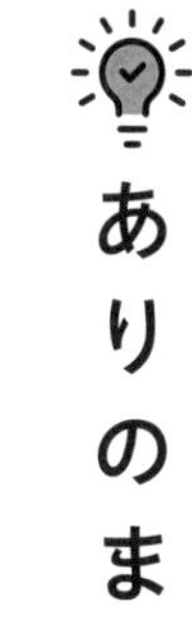

ありのままで付き合う

ジーニアスタイプを知れば、たしかにより深い付き合いができるようになります。しかし、その前に覚えておいてほしいのは、相手を「よくしてあげよう」と考えるのは、じつは傲慢だということです。この姿勢は、人生で出会ったかけがえのないその人を大切にしていないのです。

ありのままのその人を受け入れたからこそ、あなたはいま、その人と一緒にいるのではないでしょうか。相手はいまのままで十分にすばらしい人のはずです。いま起きているすべては、人生そのものです。相手はいまのあなたの成長に必要な人なのです。それを拒み、変えようとするのは、自分が「いま」を認めず、無理に変えようとしているからです。もしそうなら、それぞれ別の道を行くのが最善かもしれません。

「多少嫌なところはあるけど、そのうち変わってくれるだろう」との思いで付き合い始めると、たとえ悪意はなくても結局うまくいかず、互いに嫌な思いをして不幸になるだけです。それぞれのマブイは決して変わらないため、水と油の組み合わせなら、どちらかが自分らしさを捨てないかぎり、うまくはいかないのです。

それぞれのジーニアスタイプで、人はどんな付き合い方をするのでしょうか。それぞれのタイプを尊重できるように、おさらいしておきましょう。

〈インフィニティ〉∞

人の役に立ちたいと思いながら、うまくいかないところがあります。子どもの頃や思春期には、人から理解されていないと感じる場合が多く、もともと知識欲が旺盛なところもあり、学校ではオタク扱いされる場合があります。大人になっても理解されないという思いが続き、理想の恋人や友人を追って孤独になる傾向があります。

頭脳偏重になると、特に恋愛では自分の欲求をなかなか伝えられません。上の空でいることも多く、相手は「ちょっとした話に耳を傾けてくれない」と機嫌を損ねがちです。〈インフィニティ〉には無頓着に物を溜め込む人もいて、これも共同生活で問題になるかもしれません。

社会に出ると、身内の無理解と世間の称賛とのあいだで揺れ、「自分はすごい」と勘違いするところがあります。そのため付き合う相手を頻繁に変えたり、逆にまったく相手がいなかったりもします。

人あしらいがうまく、人あたりもよく、どのジーニアスタイプともうまく付き合えますが、最高の相性は知的な議論ができる〈インフィニティ〉同士の相手でしょう。〈ランバス〉や〈ペンタゴン〉と出会えば、超越的なものに触れる機会が得られ、実り豊かな関係になります。〈サークル〉は〈インフィニティ〉にとって、思いやりとひらめきで違った世界を教えてくれます。

〈スクエア〉■

自分の考えが絶対的であり、何かにこだわり始めると周囲が苦労します。プライベートでは、あまり異を唱えず順応性の高いタイプと付き合う人が多いようです。

社交性を高めると、どのタイプともうまく付き合えるようになりますが、最終的には人目を気にせず自分の考えを通します。あまり友人関係は重視せず、友人が去っても気にしません。自分がリーダーであり、ついてこない人はかまわない、別の誰かでよいと考えます。

気ままに行動する習慣がないため、ほかのタイプとうまく付き合っていくには、ちょっとした努力が必要になるでしょう。

〈スクエア〉同士では、どちらも譲らずなかなかうまくいきません。議論の決着には、どちらかが相手の正しさを認め同意する必要があるため、厄介な組み合わせです。

人との口論では、頭脳明晰な〈スクエア〉は、知識を総動員して立場を主張し、決して意見を変えないでしょう。粗野な〈スクエア〉であれば、「違うといったら、違う！」「仕方がない」「ほっといてくれ」「何を言っているんだか」と、話を終わらせてしまいます。

そのため、恋愛相手には、〈トライアングル〉〈ランバス〉〈インフィニティ〉、そして特に〈サークル〉がよいでしょう。〈サークル〉には遠慮がちな人が多く、〈スクエア〉が有無を言わさず価値観を押し付けてしまうかもしれない点は注意が必要です。それに対し〈インフィニティ〉には反論する力があり、その知性でより広い考えを〈スクエア〉に教えてくれます。〈スクエア〉は納得のいく議論ができれば、意見を変える場合もあるのです。

人を操るのがうまい〈トライアングル〉と深い内面性をもつ〈ランバス〉については、本心が見えず、もてあそばれてしまう場合があります。どちらも〈スクエア〉の正しさを認めてくれますが、そのあとで自分の都合のよいほうにもっていこうとするからです。〈スクエア〉は、鋭い洞察力や狡猾さを持ち合わせていません。

〈エリプス〉

情動知能に優れ、恋愛でも友人関係でも、ほぼすべてのジーニアスタイプとうまく付き合えます。特性の異なる〈スクエア〉や〈レクタングル〉も、相手がしっかりしている分、そこに頼りながら自分の創造性を発揮でき、相性はよいでしょう。

〈インフィニティ〉は心の傷をわかってくれる存在です。〈スター〉のまぶしい才能に惚れ込み熱愛することがありますが、すぐに燃え尽きる場合が多いようです。

幸せを感じられるのは〈エリプス〉同士の付き合いで、夢を共有し、ささやかに暮らすでしょう。〈ランバス〉の悲劇的な心情も理解できます。

人付き合いがうまいため、本来の自分が尊重され創作の自由をもてる関係であれば、どんな人とも付き合っていけます。

別れは〈エリプス〉にとって受け入れがたいものであり、深く悲しみます。そこから自己の内面の探求や、愛の理想像の見直しにつながることも多いようです。成熟すると、パートナーのいない状態が心地よく感じられるかもしれません。

〈トライアングル〉△

適応力が高く、思いやりがあり、もともとの外向的な性格もあって、どのジーニアスタイプのどんな人とでも親しくなれます。人好きのする性格で、相手の心をすばやくつかむ才能があり、恋愛も含め幅広い付き合いをします。

ときに、実際の本人とかけ離れたイメージを与えてしまい、あとから騙されたと思われる場合もあります。

何事にも柔軟に対応するため自然と知恵が身につきます。経験を重ねると、あらゆるものを哲学的に考えるようになるでしょう。起業仲間としてもすばらしい相手です。

バランスのとれた状態では、どのタイプの人ともうまくやっていけますが、なぜか突然、自分に限界を感じ、自尊心を失い破壊的になる場合があります。それでも〈トライアングル〉は必ず立ち直ります。

〈サークル〉●

無条件に人を愛することができるので、どのタイプとも、未成熟な相手でも、問題なく付き合えます。ただし、〈サークル〉自身の成熟度によって相手との関係性は変化します。

未熟で自尊心が低い場合は、相手と一体化し、従います。たとえば、何かを作りたいと思っているとき、パートナーの〈レクタングル〉の応援が得られないと、〈サークル〉は自分の思いをあきらめ、パートナーのために働くようになります。自分を信じられず、夢や思いを簡単に手放してしまいがちです。

バランスのとれた状態で適度に自尊心がある場合には、誰にも止められない力強さをもち、中心になって動きます。〈インフィニティ〉や〈ペンタゴン〉が理想的な相性になるでしょう。

〈サークル〉同士が付き合うと映画のように甘い恋愛になりますが、一緒に暮らすと非現実的なところが多く、経済的な問題が伴うかもしれません。

社会では、自分から惜しみなく与えるため、なぜ同じように返ってこないのかと悩むことがあります。寛大で、常に相手の身になって考え、問題を引き受け、人の役に立てないと心苦しく感じるところがあり、人から利用されやすい面もあります。いずれにせよ、人の力になることがこの人のマブイなのです。

〈レクタングル〉

ほとんど人と争わず、安全性が感じられる相手であれば、どのタイプにも適応できます。ストレスを好まず、あまり議論せず、お人よしで誠実という付き合いやすい人で、グループに属したがる傾向があります。仲間を裏切らず、裏切られもしません。よき保護者で、パートナーが求めるものは常識の範囲内であれば何でも与えます（ただし無茶な要求に対応できるタイプではありません）。

難しいところがなく付き合いやすいタイプですが、夢を見ないため〈エリプス〉との相性はよくありません。地に足がついていないと落ち着かないのです。確かな支えがある場合にかぎり、想像力あふれる無鉄砲なタイプの人々にも協力できます。

実用主義とシンプルな（しかし単純すぎない）考え方で、どんな状況にもうまく適応します。人を支援し、愛情や快適さ、安心感を与えるよき仲間です。ただし人生を面倒なものにするのを避けようとするため、この人に哲学や創造性、冒険は期待できません。固定観念を変えさせようとするのもいけません。

〈レクタングル〉は仕事と休息をはっきり区別するため、休むとなると一切動きません。パートナーが外出するときも、用事に追われているときも、かまわず家でくつろぎます。まったく動かず、周囲を困らせることもあります。

〈ペンタゴン〉

バランスがとれた状態の〈ペンタゴン〉は、自分の情熱に打ち込める環境さえあれば寛大でスムーズな付き合いができます。そこにパートナーの介入は必要ありません。ただ「みんなと同じように、普通にしてほしい」というのは無理な注文です。しばしばほかのタイプから「私以外のことなら時間はあるらしい」と非難されます。

科学や人生、文化、数学、哲学など、幅広い話題に応じられます。ときには本格的なオタクやマニアにもなるでしょう。知識豊かな〈インフィニティ〉や、行き過ぎた天才をカバーしてくれる〈レクタングル〉は、またとない好相性です。〈ペンタゴン〉が情熱にのめりこみ生活がずさんになったときに、助け整えてくれる〈スクエア〉タイプも相性がよいでしょう。

たいていの場合、〈ペンタゴン〉がほかのタイプを従えることになりますが、それはアルファ雄や女戦士アマゾネスのような力の関係ではなく、この人がものごとを非常に明快にとらえているからです。感情の起伏が激しいところはありますが、心が広く、常にすべての人にとっての最善を考えます。

〈ランバス〉

非常に特殊なタイプのため、恋人や友人には接し方をわかっていてほしいところです。暗く超越的なものに敏感なのは、その背後に愛を求める気持ちや人を気遣い手当てしようとするとてつもなく大きな力があるからです。この世界観を理解し、批判したり変わり者扱いをしないパートナーが必要です。理解されている実感があると、まったくまともな人なのです。

相性がよいのは〈サークル〉や〈インフィニティ〉、あるいは〈レクタングル〉や〈トライアングル〉です。〈エリプス〉や〈ランバス〉とは大冒険はできますが、危機に陥ったときに頼れません。〈スクエア〉は、〈ランバス〉が自分らしさを捨てないかぎり、最も付き合いにくく、お互いの世界を尊重しないかぎり一切何も生まれない相手です。

バランスを崩すと、わが子に奇妙な理論を教え込んだり、不当な責任を押し付けたりします。子どもに対しシュールな関係を迫り、人生にはあらかじめ決まっていてどうしようもないことがあると教え込む親もいます。

〈スター〉★

利害関係で何度も裏切られてきた経験から、人をあまり信用せず、気楽な人付き合いができません。ただ、自分もスターの魅力を利用して欲しいものを手に入れようとするところがあり、うまく人間関係を築けなくなっている場合も多いようです。人から注目され、その対応に追われてプライベートが犠牲になるという苦労もあります。

しかし感情をうまく扱えるようになれば、才能ではなく自分自身を見てくれる真の友人と誠実な付き合いができます。健全な状態では、互いに尊重し合える、率直で、あこがれや崇拝の対象であることを忘れさせてくれる相手をパートナーに選び、ずっと大切にします。

仕事では、〈スクエア〉の確かさと秩序が重宝します。〈サークル〉の愛や〈レクタングル〉のさりげない見守りも〈スター〉のエゴが暴走しないかぎり大きな力になってくれます。

仕事上でのジーニアスタイプ

履歴書は立派なのに実際に雇ってみると相応の能力や資質がなかったり、すばらしい経歴なのに本人には仕事への情熱がないといったケースは実際にあるのでしょうか？　答えは「イエス」、残念ながら非常によくある話です。親族がみんな弁護士だから自分も弁護士になった、親の希望をかなえて医者になった、家業なので仕方なく継いだ、といった場合などがそうでしょう。

親には非常に大きな影響力があります。たとえば、妻の14歳になるいとこは、大人になったら何になろうか悩んでいます。本人はダンサー志望ですが、母親からは博士号取得を勧められ、2人の仲は険悪になっています。

また、「生きていくため」という理由で、自分の興味に関係なく専門知識を学び、安定を目指すのも、自分に対するごまかしです。収入が安定しているという理由だけで必死になって公務員になった人を私は何人も知っています。一生懸命勉強したあげく人の言いなりになって働くのです。公務員がみんなそうとは言いませんが、よくある話です。

仕事の同僚・上司・部下との関係においても、先に説明した人間関係と同じようにジーニアスタイプを知っておくことは非常に重要です。

あるポストに人を採用するとき、候補者のジーニアスタイプがわかれば、適性の判断をするのに非常に役立ちます。たとえば営業職には、初めて働こうとする人やとりあえず働きたい人の応募が集まる傾向があるため、求人を出せば多くの応募があるでしょう。しかし、私は給料のためだけに働こうとする人を雇うつもりはありません。販売に情熱を注ぐ〈トライアングル〉を求めているのです。ほかのタイプは、たとえうまく仕事ができても、全力を注ぎはしないでしょう。不足はないかもしれませんが、願ったりかなったりとは言えません。自分の商品に納得している〈トライアングル〉であれば、誇りをもって、さらなる売り上げを目指して全力を尽くすでしょう。

ほかの職種でも同じです。最近実際に知った例を一部ご紹介しましょう。クリエイターになるはずの人が給料のために事務員で働いている、セラピストになるべき人が勇気がなくて法人営業をしている、教師が天職の人がウェブデザインの仕事をしている、航海技師になるべき人がホテルの人事部長をしている、ＮＧＯを立ち上げたい若者が農作業に明け暮れている、医療支援の仕事をしたい女性が清掃員として働いている、サウンドセラピストになるべき人が出版業で働いている、などです。

自分の気質（ジーニアス）に合わない働き方をしていると、不安や鬱、そこまでいかなくても、無気力になるでしょう。自分の本質に逆らえば欠乏感や不満をもち、最終的には雇う側にとっても雇われる側にとっても不幸な結果になります。

そのため、私はチームに人が必要なとき、履歴書や経歴ではなく、その人の性分や適性を見るようにしています。最近、あるポストについて「なぜもっと経験のある人を選ばないのか」とコーチング担当のナタリーに聞かれましたが、「学歴主義」「資格主義」とは病気の一種です。本当に大切なのは、その人の内に感じられる情熱とジーニアスタイプなのです。

黄色いレンガ道

実際の話をしたほうがわかりやすいかもしれません。私が美容師のファニー・フェルナンデスをチームに迎えたのは、ジーニアスタイプからの判断でした。この人ならきっと人の才能の発掘方法を考案してくれるのでは、とお願いしてみたのです。すると彼女は、「それが夢だったんです」と快諾してくれました。グループセラピーをはじめとするいくつものすばらしい提案を出してくれる実際の仕事ぶりを見て、あの判断は正しかったと感じています。

〈トライアングル〉のファニーは、人とかかわるのが好きで、いつも何かしら考え出してくれます。人を案内するには、まず自分に経験がなくてはいけません。そこで彼女は瞑想による自己発見の旅を歩み始めました。それ以来、本当に自分を知りたいと望み、幸福と成功に続くとされる「黄色いレンガ道」を歩む人を助けてきました。

彼女は言います。「この道を歩き始めると、心に不思議な感情が湧いてきます。それは、自信と自尊心と勇気を与えてくれる内なる革命です。それこそが、誰もが探している幸せの鍵、本当はずっと自分の心のなかにあった鍵です。でも、その鍵は自分らしく生きるときに初めて有効になるのです」

さあ、今度は人生の目的と仕事を結びつけるため、仕事におけるそれぞれのジーニアスタイプを見てみましょう。

〈インフィニティ〉

窮屈な型にはめられるのを嫌います。自分の内にあるものを表現しなければならないため、教師でも心理士でも、何か自分に合った職業を見つけなくてはなりません。〈インフィニティ〉は、公務員などの制約の多いルーティンワークにはほとんど就きません。最終的には大学教授になる人もいますが、どこかに独自性を加えずにはいられないでしょう。

〈インフィニティ〉らしい才能を開花させると、部下の面倒を見るより自分の仕事に専念するのを好むようになります。ほかの人と何か共通の哲学や観点がなければ共同作業は困難に感じます。どちらかといえば命令を下すのは苦手で、リーダーの立場では、指示ではなく示唆によってチームを動かします。

〈エリプス〉

自分らしさを放棄していないかぎり、〈エリプス〉の雇用は難しいでしょう。夢見がちで注意散漫なところがあり、販売や会計を任せると大変です。

たとえば〈スクエア〉にはこの〈エリプス〉の性分は理解できず、プレッシャーを与えてみれば、〈エリプス〉は逆に自由を求めるようになるなど、うまくかみ合いません。お金や時間の管理が下手、急な予定変更が多いなど困った面があります。

〈エリプス〉は、自分の創造性と才能を存分に発揮できる場を探す必要があります。資質を生かせるクリエイティブな分野、たとえば服飾デザイン、写真、翻訳、建築、マーケティング、広告、ケーキ職人、ヘアメイクなどで活躍します。

ビジネスでは、求める明確なビジョンがあるとき、大胆で力強いボス、カリスマ的リーダーになります。部下は、少々無秩序で脈絡がないように見える進め方に従っていかなければなりません。インスピレーションがいつ湧くかは誰にもわからないため、ついていくのが大変なところもあるでしょう。

〈インフィニティ〉と〈エリプス〉

ここで〈インフィニティ〉と〈エリプス〉の関係を少し見てみましょう。チームのコーチング担当、ナタリー・チェヴァリエによると、互いにバランスのとれた健康な状態にあるとき、両者は息の合った理想的コンビになるといいます。〈インフィニティ〉は優れた情緒的知性で〈エリプス〉の優れた創造性をよく理解し、インスピレーションを具体化する力になるなど、互いに協力し合います。

逆に、どちらもバランスを崩している場合、〈インフィニティ〉は相手のアイデアを見下し、創造性まで否定する場合があります。〈エリプス〉は自分の世界に閉じこもり、どう表現すればよいかを見失ってしまいます。互いの影の部分、「私は知っている」と「私の天才性を理解していない」の衝突が起こるのです。

〈トライアングル〉▲

適応能力が高く、納得できる任務であれば、経営者でも労働者でも決して問題を起こしません。重要性を感じるほど貢献の意欲が高まりますが、情熱と強欲を間違えるとただの野心家になります。3つの「基本的な創造性」（分析／芸術／直感）を備え、社内のどんな役割も果たせます。

〈トライアングル〉らしい才能を開花させると、人好きのする性格、カリスマ性、ビジョン、モチベーションなどの持ち味で、人々を率いる生粋のリーダーになります。部下に示唆を与え励ますなど、サポートを惜しみません。チーム活動を好み、目標スケジュールを明確化するなど、それぞれが最大の力を発揮できる方法を探します。

このタイプの同僚は、人が落ち込まないよう力になってくれますが、出し抜くような真似をしたとたん、相手にされなくなるので注意が必要です。

独自の売り方で意欲的に仕事に取り組みます。ぜひCEOに据えてブランド展開したいタイプです。

〈ペンタゴン〉

自分の専門分野に関しては、すばらしい努力家です。天職で才能を生かします。時間もお金もどこまでも必要なだけつぎ込むため、仕事に時間をとられ、人間関係を損なう場合があるので注意が必要です。

上からの指示に異議を唱える場合もありますが、それはもっとよい方法を提案するためであり、責任を投げ出さず、仕事仲間としてすばらしい人です。

上司としては、バランスを崩した状態では、独裁者のように威圧的で、融通が利かない面もあります。しかし、バランスのよい状態では、周りからの期待に応えてうまく仕事を割り振ります。自分の限界と部下の長所をよく知り、信頼して任せます。〈ペンタゴン〉のビジョンには論理を超えたところがあるため、突飛な決断に見える場合もあります。

〈サークル〉

従順でよく働きますが、組織の期待に応えようとして本来の自分に逆らってまでがんばり、健康を害するなど、本人にとって利益にならない面もあります。

自分の感覚と齟齬のないものならどんな仕事でもできますが、違和感があるとその仕事は過酷極まりないものになります。ただ服従し、自分の資質を生かせずにいると、致命的なまでにバランスを崩すこともあります。また〈サークル〉に対し共感を示さないタイプもあるため、そこに苦しみ鬱などになる場合もあります。

しかし〈サークル〉らしい才能を開花させると、別人のようになります。自分自身のために働き、自分の望むプロジェクトを積極的に発言しながら楽しんで遂行するようになります。ただ、快適な環境にいても、もっと人のためになるプロジェクトにかかわりたいとの思いがあります。そうした機会に出会うと、優れた起業家になり、フロー状態を体験するでしょう。自分らしく落ち着き、仲間たちが最高の力を発揮し自らの光で輝けるよう、全力を尽くします。自分らしい環境で、役に立っている実感をもった〈サークル〉には、誰にも止められない力強さがあります。

〈ランバス〉

どうすれば自分を押し殺したり否定したりせず、内面世界を役立てて働けるかを考える必要があります。自分に合った場所が見つかれば、きめ細やかな仕事をし、充実感を味わえます。率先して働くため指示はほとんど必要ありません。

自分らしい場所に出会えないと、奇妙な理屈を持ち込んだり、気分をころころ変えたりして、その場の空気を乱します。裏で手を引き仲間を陥れることもあります。

このタイプには、自分自身を受け入れられず才能と仕事がマッチしづらい問題があり、心に壁ができて無気力になる場合があります。

自営業の人が多く、親密さや内輪話を好むため、あまり手広く商売を展開しようとは考えません。自分の持ち味を生かして隣人に寄り添い、インスピレーションを与えようとします。その超越的な創造性から、作家、画家、音楽家としの自己表現にもなれば、セラピストや法医学者など内面的な働きが必要な職に就いたりもします。

〈スクエア〉■

優れたボスになります。明瞭なアイデアと確かな采配で、独断的な人が多いようです。歯に衣着せず、適所適材を断行します。上機嫌のときは、何にでも協力的ですが、逆に虫の居所が悪いと、独裁者のように不公平で残酷な人間に見えます。

プレッシャーに強く、高い集中力をもち、経営者として理想的です。担当の課題のみをこなし、冗談は通じないところがあります。めったに大げさにほめたりはしませんが、もしあれば、おそらくそれは「もっと期待しているぞ」のメッセージでしょう。

責任感が強く、トラブルを起こさず、担当の仕事をしっかりこなします。時には不調に陥るときもありますが、必ずやり遂げるでしょう。特定の人に頼まれてものづくりをすることはなく、想像力も期待できません。しかし、何らかの問題が発生したときは、優れた分析的創造性を発揮し、きちんと解決する人です。

マネジメントやリーダーに向くほか、常に義務を果たす姿勢から、公務員や警察官にも適性があるといえるでしょう。

〈レクタングル〉

文句を言わず指示に従い、問題も起こさない、すばらしい働き手です。熱狂的に勢いづいたりはしませんが、怠けず仕事をやり遂げます。

創造性や大きな問題の解決は期待できず、会社を任せられるタイプではありませんが、忠誠心に篤いため、裏切ることはありません。生涯同じ場所で喜んで働くことができます。

荷役や清掃作業などの定型業務はもちろん、ウェイターや農場労働者、レンガ職人などの肉体労働もよくこなします。ボディーガードやコンシェルジュにも〈レクタングル〉が多く見られます。

起業する場合、その内容は自社完結できるものに限ります。よく働き、豊かに充実して過ごします。気さくで優しい上司になるでしょう。

〈スター〉

〈スター〉の仕事は、常に本人が中心です。チームの花形として、本人が何をするかを決め、その最高のパフォーマンスのために周囲に支えてもらうのです。

自分が認めない相手には決して服従せず、自分を操ろうとする人を嫌います。〈スター〉は、雇われ人にはならないため、一緒に仕事をするなら魅力的なプロジェクトで引き込むしかありません。

責任を嫌い、ボスになることはまずないと言ってよいでしょう。指揮を任された場合は、まったく独自の方法で取り仕切ります。〈スター〉の才能は生まれつきで人に説明できるものではないため、よい指導者やコーチになる人はあまり見られません。

13

スーパーマンを生み出す

どんな臆病な人も、愛のためには英雄になる。

――プラトン（哲学者）

13 スーパーマンを生み出す

多くの著作によって神経科学を社会に広く知られるものにした神経科医、オリバー・サックスによると、1980年に「第六感」は深部感覚であると定義されたといいます。この深部感覚とは、身体機能のすべてに及び、たとえば身体のどこかを傷つけたときに、脳が正確にその位置を感知する作用で、自分でも意識していない驚異的な能力です。

私はチームの協力を得て何年も研究してきた結果、第六感のように無自覚的、自動的な「第七感」が一人ひとりの資質に応じて備わっていると考えるようになりました。

この章では、自分だけのスーパーマンやスーパーウーマンを生み出す方法について説明します。講演会に来てくださったことのある方はご存じかもしれませんが、私はいつも胸に「S」マークのついたTシャツを着ています。これは、私がスーパーヒーローが好きで、私たち一人ひとりにもきっと大きな力が備わっているはずだと信じているからです。スパイダーマンがビルの壁を登り、ビルからビルへ大きく飛び移る、あの秘められた能力のように、私たちにも独自の才能があり、それが「第七感」にあたると考えているのです。

私たちが何かを自然に、苦もなくできるのは、この意識されていない隠れた能力のおかげなのですが、自分にとってあまりに自然なために、気にも留めていないだけなのです。スーパーパワーとは、それを自覚して初めて発揮できるものです。

アインシュタインの言葉を思い出しましょう。

「すべての人は天才なのだ。だが、もし魚を木登りのうまさで評価すれば、魚は一生自分を役立たずと信じて暮らすだろう」

熱中のカギ

どんなスーパーヒーローも、必ず大義に燃えています。大義は、私たちにとっても自分の力を出しきるために、不可欠なものです。人が情熱を燃やすのは、頭のなかで考えているときではなく、実際に取りかかっているとき。幸福感と快感によって能力は大きく発揮されます。

言ってみれば、才能と情熱と快感がフィードバックし合うことによって、自分のなかの天才(ジーニアス)が飛び立つようなものです。それは、本来の自然体でなくては起こりません。

遠くへ行かなくても、ただ自分の内側を見つめさえすればよいのです。旅はそこから始まって、そこにたどり着くのです。

それは心躍る旅でもあり、孤独な旅でもあります。スーパーヒーローたちの経験するジレンマのように、初めはどう進むべきか戸惑うかもしれません。あなたはもしかすると、もう長いあいだ、じっくり自分と向き合いコーヒーを味わうこともなかったかもしれません。自分に目を向けてやれば、少しずつ自分がわかってきます。道中に岩があれば、人まかせにせず本能で避けて歩き続けていくでしょう。

そのうち自分の能力を信じ、才能だけを頼りにして迷いから抜け出せるようになります。才能とは、本来の自分の自然な表出であり、人生の目標を達成し、成功するために私たちに備わったテクノロジーなのです。

あなたは生まれながらの天才です。どうです、それだけでワクワクしてきませんか？

さらにその天才性で、ほかの人にも「夢をかなえたい」と思わせることになるのです。才能も能力も独り占めするためにあるのではありません。人と共有し、人の力を引き出すものでもあるのです。

「大いなる力には大いなる責任が伴う」

どのスーパーヒーローも人類の問題を解決するためにその力を使います。そして、大勢の人々がその姿にあこがれ、力をもらいます。

私たちの内にも、人のために使うべき力をもったスーパーマンが必ずいるものです。私たちには、自分の才能を知り最大限に発揮する責任と義務があります。スパイダーマンのおじさんの、あの有名なセリフを思い出してください。「大いなる力には大いなる責任が伴う」。私たちは、その力から逃げてはならないのです。

自分の才能を認めること（もしまだわからないなら、時間をとって探すこと）は、自分の責任であると同時に自分にしかできないことでもあります。誰もあなたと同じ人はいない。だからあなたの師は、あなたしかいないのです。人生という学校で学ぶべきものはすべて、すでに自分のなかにあるのです。そして、世界にはあなたが必要なのです。スーパーヒーローだって自分だけではどうにもできず、仲間のスーパーパワーを借りるときだってあります。「団結は力なり」です。

「自分はもう天才だった」と認めたとたん、自分自身の力が使えるようになり、邪魔だった思い込みが消え、スーパーパワーによって困難だったものが楽になります。その思い込みの1つが「貧しいのは仕方がない」です。「豊かさはひとにぎりの人のものだ」「月収がなければ社会に認められない、自分の才能では生きていけない」という偏見を私たちは認めてきたのです。もし私がこんな先入観にとらわれたままだったら、いまこの本を書いていなかったかもしれません。

自分を信じ、人生を信じましょう。そうすれば必要なものはきっと宇宙から与えられます。

「豊かさ」の矛盾

私たちは、どこまでも豊かなこの宇宙の一部です。それぞれの宇宙には、無数の星、無数の生命体、海洋、森林、などにあふれています。その一部である私たちが「生活費さえ得られればよい」などと思うようになったのは、なぜでしょうか。

私たちは、貧しさを一掃するのは平等ではなく豊かさであると気づくために、自分自身はもちろん、ほかの人々についても、それぞれのよさを生かせるように開拓し続けていかなくてはなりません。豊かさのなかで互いを認め合えたなら、すべての人がありのままの自分に満足できると思うのです。

私が熱中し快感を得ているとき、頭にあるのは報酬ではなく充足感です。貧しさなど考えもしません。喜びそのものを感じているとき、他人と比べる競争心も消えています。さらに、そこには「豊かさのパラドックス」とも呼ぶべき現象が起きます。自覚的に生きるようになると、徐々に外部への要求は少なくなります。そして、（ここがパラドックスたる由縁ですが）宇宙はあらゆる面で自分を豊かにしてくれるのです。

これは偶然ではありません。最高の自分を懸けているとき、それは絶対に裏切ることのない自分自身に賭けているのです。自分と意識の整合性がとれると、本来の才能を通してすべてが自然に運ぶようになり、その結果さまざまな変化が起こります。

●自分の限界を乗り越える勇気

まず心の傷を直視し、後回しにせず癒やさなくてはならない。それには自分を見つめ、安全領域（コンフォートゾーン）から一歩踏み出し、恐怖心と向き合う必要がある。周囲の忠告や噂を気にするのをやめ、孤立無援で体制に立ち向かうのを恐れず、失敗の可能性を認め、失敗すれば受け止め、思いきって間違えてはまた立ち上がらなくてはならない。つまり、不安の海を越えていく勇気がなければならない。またそのために、自分への愛と信頼が必要になる。

●**人生を歩み経験を積む** それ自体がほかの人々にとって前例になる。経験を人と分かち合い、躊躇している人や方法がわからずにいる人の力になる。

●**人々に答えを提供する** 自分の活動に情熱を注いでいくと、新たな難関や状況、答えるべき問いかけに出くわす。人間として成長するにつれ、徐々に自分にもほかの人々にとっても価値ある存在になろうと求めていく。そして、ついには人生の目的を意識的に果たす。

●**人生のあらゆる豊かさを得る** 人のために才能を使うとき、すでに間接的なかたちで人生のあらゆる豊かさを得ている。さらに、成長のために与えられた試練を乗り越えた経験から自信を得ていっそう豊かな人間になれる。また、自身の良識と一体化している自分を実感し、豊かな気持ちになる。

●充足と自己実現を味わう　最も自分らしい本来の情熱を捨てる必要がなくなり、充足と自己実現を味わう。不満は消え、人生は困難でなくなり、豊かな実りと情熱をもたらす人生を慈しむようになる。

●金銭の不安感がなくなる　お金を汚いもの、堕落の元凶として見なくなる。身内の人々がかかえる住宅ローンを気に病むのをやめ、起業家精神で新たな収入の道を開拓する。グローバル化を世界を飛び回るチャンスととらえる。

●つらいときも安定感がある　これに関して、神経心理学者のエヴァ・フローレスは次のように述べている。「自分の才能を知り追求しても、人生で避けられない人間的苦悩は消えません。喪失や障害、拒絶、思いどおりにならないことは、なくなりません。しかし、背景の騒音や、本来の自分を偽った結果強いられる過剰な努力は大きく軽減されるはずです」

こうしたメリットは、日々決断を下す際の自信につながります。

自分を信頼するのが当たり前になり、必要であれば自分の能力に頼れるからです。何をする必要があるかを考えるのではなく、ちょうどスーパーマンのように、いま何をすべきかを感じられるようになります。

迷いのない人生を想像してみてください。

何かを疑い迷うとき、人は幸福ではありません。逆もまた然りです。これまで幸せな瞬間に自分が幸せかどうか疑った経験はあるでしょうか。一度考えてみてください。

14

情熱を燃やそう

それぞれの才能を生かそう。
美声の鳥しか鳴かない森はあまりに寂しい。
――ヘンリー・ヴァン・ダイク（作家、牧師）

いかに安定性が重視されようと、「生きる」とは動きそのものです。唯一の法則は絶え間ない進化と変化。どれだけ強固な土台も遅かれ早かれ揺らぎ崩れます。

たとえば、私たちは生涯をともにしようと思い結婚しますが、かなわない場合も多いようです。あるいはパンデミックのせいで計画が潰れたり、仕事を突然解雇されたり、苦渋の決断を迫られたりします。普段の生活で思いもよらない状況に陥ることも少なくありません。

そうなったら、適応して（つまり自分が変化して）旅を楽しむか、自分は変化せず状況をコントロールしようとするかです（それは到底不可能で、苦しみにしかならないでしょう）。

コントロールとは、人生が大きく揺らいだときにパニックを避けるために起こる心の防衛機制です。しかし、起こるべくして起こることがコントロールによって回避できたためしはありません。それならば、もう同じ間違いを繰り返さなくてもよいではありませんか。そのままの自分を守ろうとすればするほど、私たちは無意味なものになっていきます。

なぜなら、根本の思考をコントロールし続けるには、人生の時間を大きく犠牲にしなくてはならないからです。この守り姿勢のコントロールは、宇宙の生命体である私たち一人ひとりに本来備わっている豊かさに逆らうものなのです。

いちばんの問題は、恐怖心よりむしろ、自分のマブイ（魂）を知らずにいることです。自分がもって生まれた道具を知らなければ、ちょっとした危険にも怯えながら過ごさなくてはなりません。そうなると、人生は対処すべき問題ばかりになり、自分の力を生かせなければ、外部の力を頼って解決するしかなくなります。自分が何者かを知らずにいれば、自分の大切な才能、ひいては天才性を放棄してしまっているのと同じです。「どんなことも解決できると思わせるのは、楽観主義ではなく、その人の才能・資質だ」と言われるとおりです。

先日、バルセロナのとある学校から「成功」をテーマに講演を頼まれました。話し始めの言葉はもう決まっていました。「みなさん、こんにちは。成功のために自分にどんな才能があるか、知っているという人は手を挙げてください」。返ってきた答えは沈黙でした。誰ひとり、答えられなかったのです。

自分の才能を知らずに、どうして自分を幸せにする仕事ができるでしょう？　それに、幸せでなければ、どうして仕事や人生の成功にあるべき興奮を見つけられるでしょう?

ロビン・S・シャーマの『あなたにとって一番大切なもの――フェラーリを手放して、お坊さんになった男』はベストセラーになり、ここ20年ほど広く読まれています。その根底にあるテーマは、人生に対する「情熱」であり、お金では心は満たされないというスピリチュアルな物語です。主人公のジュリアン・マントルは、敏腕弁護士でいわゆる「勝ち組」人生を送っていますが、地位や金銭を強迫的に追い続け、とうとう極度のストレスから心筋梗塞で倒れ、死の淵をさまよいます。限界を感じたマントルは、唯物主義的な生活を捨て、ヒマラヤを旅し、そこで壮大な自然に囲まれ、英知に触れ、穏やかな暮らしのなかで情熱をもって自分の真の力を育てていくうちに、真の内なる革命を体験します。

主人公は、法律の知識によって、たしかに金銭的に豊かになりましたが、幸せにはなれませんでした。そこから、それは自分の真の才能ではないのだと知ります。

この本には、私がジーニアスタイプの研究で考えている内容と同じことが書かれています。ある目的や計画に意義を感じ進んでいくとき、思いは観念の枠を乗り越え、意識は全方位に拡張していく。そして、それまでにない美しい世界が見え、そこでは自分の才能と能力が生かされ、これまでなりたいと願ってきたすばらしい人間になっていると気づきます。

また、幸せの秘訣についても書かれています。自分は何が好きかを知り、そのために全力を注がなくてはならないのです。あなたの周囲にいる幸せに満ちた人を見てください。その人には必ず熱中しているものがあるはずです。

体験し、発見するときだ

ジュリアン・マントルは狂乱的な物質主義で心身のバランスを崩し、人生が立ち行かなくなってしまいましたが、どの時代にも、ドグマともいうべき特有の偏向思想があるものです。現代社会なら即効性でしょう。病的なまでにスピードを求める風潮があります。自分を知り、よりよく生きるためには瞑想をすればいい、と始めてはみたものの、1カ月経っても何の変化も見えないと「無駄だった」と投げ出してしまうのです。

あまりにせわしなく過ごし、ほんの10秒立ち止まって深呼吸することさえ忘れてしまっています。自分を知り、自分の力を引き出す時間をもってみるのです。ゴールよりも旅そのものが大切な冒険だと考えてみましょう。冒険といっても、実際にヒマラヤへ出かける必要はありません。大切な旅は心のなかにこそあります。

もし自分の情熱がどこにあるのかわからなければ、自分が熱中するものは何か、時間が飛ぶように過ぎていくのはどんなときか、よく観察してみましょう。情熱とは観念的な状態ではなく、心の特性です。そして、それが人生への慈しみを生むのです。

チームでコーチングを担当しているアンナ・ヴィセン・レナーは、セッションの参加者に自分自身の才能で遊び楽しむように伝えると、参加者が自分を知ろうとがぜん意欲的になるのを発見しました。「遊びと結びつければ自分の真の情熱がわかり、大きな自由を感じるようです。元気いっぱいの子どものような笑顔になり、もう自分らしい自由を感じています。そして、さらに求めるのです。何を求めるのか？　それは自分自身です。なぜなら、本来の自分らしい状態を楽しみ、自分の才能を味わっているからです。それは本当に自然なことだからです」。

奇妙なことに、人はもともと自分にあったはずの、当たり前ですばらしいもの（幸せ、呼吸、充実感、存在感、才能）を、まるでそこだけ選んだかのようにすっかり忘れてしまっています。どうして自分の一部であるものや、なくてはならないものを忘れたりできるのでしょう。どうかあなたはいつでもこの本で自分の天才性を思い出してください。

ジーニアスの乗り物を大切に

ここまで自分の内側を見つめ、才能とは何か、どんな性質で、どんなエネルギーがあるかを見てきましたが、ここで生涯情熱をもち続けるために重要なことを説明しましょう。

それは、身体の健康です。チームの栄養士、ラケル・バレラは、「多くの人は健康以外の何かを優先し、その間違った優先順位のせいで大きなフラストレーションをかかえています。健康に注意しようと思いながら、いつどうすればよいかわからず、考えてばかりで何もしていません」と言います。自分の身体のためによいことを優先的に実行する人は少なく、多くの人は急ぎの仕事や家族、社会的責任などを優先してしまうようです。

インターネットで「ウェルビーイング」を検索すると、栄養学やスポーツ、美容など身体に関する情報が表示されます。些細な情報でも、身体によいことは心のためにもなるので、取り入れていくとよいでしょう。逆も然りで、幸せを感じているときには、身体もよく休まり、バランスがとれた状態になります。そうした心身の健康のためには、生活の習慣を見直して、身体も精神も感情も気持ちよく過ごせるようにする必要があります。

身体は、ストレスや不幸などがあると警告を発してくれるものでもあります。身体に注意を払えば、自分の才能を生かしていけるでしょう。

身体からのメッセージの例

●頭痛　興奮状態にある。激情や混乱から脱する必要がある。
●頭部の痛み　厳格さのせいで人や自分を許せない。水に流せずにいる。
●肩の不調　不相応な責任や、納得のいかない約束を引き受けている。

プロのスポーツ選手が身体を丁寧にケアするように、私たちも最高の力を出そうと思うなら、健康的な食事や生活を大切にしなくてはなりません。

どんな食事が最もよいのでしょうか？　もちろん、人それぞれ異なる個性があり一概には言えませんが、大筋のガイドラインはあります。まずは基本中の基本から始めるのがよいでしょう。

私たちは、自分が動物であり、自然の一部であることを忘れがちです。人間は何百万年ものあいだ、環境に順応し、自然のリズムと調和して生きてきました。これは現代科学では時間生物学（クロノバイオロジー）と呼ばれる分野で研究されています。ストレスをかかえたまま自然のサイクルを外れて過ごすのをやめ、生命そのものを味方につけるためのアドバイスを見てみましょう。

●サーカディアンリズムを守る 私たちには身体や精神、行動を約24時間周期で変化させる体内時計の機能が備わっています。地球上のほぼ全生物に影響しているもので、暗くなると眠り、明るくなると目が覚めるのはこのおかげです。規則正しい時間に食事や睡眠をとることで、サーカディアンリズムは守られます。特に睡眠は、免疫系統に必要なたんぱく質、サイトカインの生成を促進するため、非常に重要です。

●しっかり呼吸する 生命を支えているのは呼吸ですが、私たちは意外にも横隔膜の10％しか使っていません。また、口をきちんと閉じていない人が多く、そのために呼吸が浅くなり、全身に酸素が十分いきわたりません。浅い呼吸は心臓と筋肉に負担をかけ、ストレスを増大させます。腹式呼吸を練習するとよいでしょう（仰向けに寝て膝を曲げ、片手を胸に、もう片方の手をみぞおちのあたりに置きます。鼻からゆっくり息を吸ってお腹を膨らませたら、胸に置いていた手をお腹に移動して、鼻からゆっくりと息を吐きお腹がへこむのを感じます）。

●瞑想する 日々の行動に瞑想を取り入れ、ストレスを上手にコントロールし、どんな瞬間も「いま、ここ」にいられるようにしましょう。

●仲間をつくる 人は社会的な生き物で、信頼のおける仲間や精神的な家族がいるかどうかで人生がまったく変わってきます。社会のなかで健全な人間関係をもつことが大切です。

●運動する 人の身体は、一日中座って過ごすために進化してきたのではありません。座りっぱなしはやめましょう。ピラティスやウォーキングなど、軽く緩やかな動きでも運動効果はあります。

●指圧・按摩をする 古くから日本や中国に伝わる手技療法。皮膚は身体でいちばん大きい面積をもつ器官であり、ツボを刺激することで体内のバランスが整えられます。衣服の上から、または直接皮膚に触れて、横になったり椅子に座った状態で、「いま、ここ」に自分を感じてみてください。疲れている部分、緊張している部分はないか観察し、あまり強すぎない程度に刺激してみます。指圧技法のほか、自分で調べて入手しやすい情報に従って行ってみましょう。

●健康的な食生活　地産地消を意識し旬の食材を使うことで、年中いつでも必要な栄養素とエネルギーが得られます。また、必要な栄養素をすべて含んだ食品はないので、できるだけ多様な食品（穀類、果物、野菜、油、乳製品、肉類など）をとるようにします。食べられないものがある場合は、専門家のアドバイスを受け、上手に組み合わせて補いましょう。

自然のリズムに従い、これらのアドバイスを守っていくと、快適に過ごせるようになり、エネルギーが湧き、身体と頭脳もさらによく働いてくれます。なにより、自分の才能を思う存分発揮し、さらに広げていく活力も湧いてきます。

身体は、あなたという天才（ジーニアス）の乗り物なのです。大切に扱えば、どこまでもあなたの力になり一緒に走ってくれるでしょう。

大切な荒野越えの旅

たどり着く、発見する、探求する、内面を見つめる、自分に不要な慣習を捨てる、夢想をやめる、自分の好きなことで生きる、自分に備わった資質と情動を総動員する、感じるからこそ存在する、隣人のために自然かつ合理的に自分の才能を使う、人々もそれぞれの才能を周囲のために使う、この世界をすべての人にとってすばらしい場所にする、自分のスーパーパワーを無視するのをやめて世界のなかに自分の場所をもつ、自分のジーニアスタイプを知り生来の才能に基づいて行動する……。

いま挙げたこれらの言葉は、きっと音楽のように心地よく聞こえるでしょう。しかし、自分がわからず迷子になった状態では、自分探しがまるで不毛の荒野をさまよう旅のようになってしまいます。

本書をここまで読んでくれたなら、きっと知らないふりをしたまま生きるという選択肢はもうないでしょう。恐怖心とまやかしの快適さの向こうには幸せが待っていると知ってしまったはずです。

さあ、自分のジーニアスタイプに沿って生きましょう。才能を生かすのに年齢や経済的な条件、情緒の問題を言い訳にするのはやめましょう。

私はそうしてきました。そう信じてここまで歩いてきました。あなたもぜひ、自分の才能を喜び、自己実現を人生の条件にしてしまいましょう。

そろそろ自分を天才(ジーニアス)と認めてもよいではありませんか。ずっとあこがれてきた人生の幕を開け、主人公になってもよいではありませんか。それしかないのです。どうです、やってみませんか？　天才(ジーニアス)はもう、あなたのなかにいるのです。

15

才能と人生

私は自分が好きというより、もう夢中なのです。

――メイ・ウェスト（女優）

15 才能と人生

本書のまとめに入る前に、ひとつ裏話をしましょう。

少し前になりますが、ティーショップへ行ったとき、ある神経科学者に出会ってお互いの研究について話す機会がありました。彼女は「不安」について、私は自分が夢中になっている「才能」の話をしていました。

すると不意に彼女はこう尋ねました。「才能があるのはいいとして、でも、そこまで重要なものじゃないでしょう？」

私はびっくりして聞き返さずにはいられませんでした。

「しかし、行動しているのに、それで幸せになれないとすれば、それ以上の不安があるでしょうか？」

彼女は少し考えてから、「たしかに、人生で何をしたらいいかわからないのは不安ですね。特に自分の行動が幸せにつながらないときは不安でしょう」と答えてくれました。

その言葉をヒントに、私は「才能」を通じて自分自身を知るという展開を得ました。

ここで読者のみなさんにも聞いてみましょう。

「何かの仕事をしていて幸せでなかったことはありますか？」

「満足感の得られない仕事をしたことがありますか？」

「そのとき、どんな気持ちでしたか？」

もう少し掘り下げてみましょう。

「満足感を得られなかった原因は、その仕事だったでしょうか、それとも自分の才能を知らず、どうすれば満足できるかわからなかったからでしょうか？」

「もしかして、いまも自分の才能がわからずにいますか？」

もし答えが「イエス」なら、あなたは自分らしくありたいのに、自分にどんな力があるか知らず、自分を表現できていないのかもしれません。きっとそれ以上の不安はないでしょう。

もしかすると、自分でもなぜこうなったかわからないかもしれません。

周囲の影響を疑ってみたことはありますか？「役に立つ人間になれ」「ばかなことはやめて、専門的に勉強しなさい」「まともな月収があればそれでいい」「夢だけでは生きていけない」……。そんな言葉の大波にのまれるようにして、自分もそう考えるようになったのかもしれません。息が詰まると感じたことがあるのではないでしょうか？

これが、多くの人が自分の才能を見つけられないでいる理由なのです。才能は外に出してやらないと、窒息して表現できなくなります。そして、自分には才能などないと思うようになるのです。宇宙は（自分好みの呼び方でかまいません）、あなたに何の貢献もさせないつもりで命を与えたのでしょうか？　まったく何も目指さずに生まれてくる命などあるでしょうか？

まったく何も目指さない命があるとすれば、それは人生という機構のなかで、形もない、どこにもはまらない存在になるのではないでしょうか。宇宙のなかで、何の目的ももたない生き物は私たちくらいです。ミツバチでさえ生命の発展に欠かせない役目をもっています。

最も進化した生き物であるあなたには、それ以上の役割があるはずです。宇宙はあなたを必要としていて、いつでも、あなたらしく力を出し切ってほしいと願っています。あなたに輝いてもらうためにに与えたのがその才能なのです。

100ワット電球を想像してみてください。もし、わざとか、うっかりか、20ワットしか給電しなければどうでしょう。もったいないですね。

あなたは最大限に輝くために生まれてきたのです。輝かないのはもったいない。まるで全宇宙が参加しているゲームで、それぞれ何か貢献できるものを持ち寄っているのに、自分だけ踏み出せずにいるようなものです。

自分が特別な存在だというのは、説明されるより実際に感じてみるのが近道です。さあ、深呼吸してみてください。意識にある豊かな愛で、自分が宇宙的にすばらしい存在であると感じられるはずです。あなたはすばらしく、かけがえのない特別な存在なのです。

15 才能と人生

才能といえば、仕事にできるもの、お金になるもの、人から認められたり、Instagram（インスタグラム）で「いいね」をたくさんもらったり、有名になったりするものと思ってきたかもしれませんが、そうではありません。才能は、愛につながっているのです。

自分を知ろうとすれば、まず「自分を愛する」ことが必要になります。自分の感情をよく知り、うまく対処できるようになるのは、そこからです。

自分を愛するには、修士号を取る必要もなければ、洞窟での修行も必要ありません。それはとても当たり前のことで、本来は努力など要らないはずなのです。いま、それが努力の要るものになっているのは、きっと情熱なく生きている人が多いせいでしょう。

才能の決め手になるのは情熱です。だからこそ、才能に背を向けては、生きていけないのです。愛のないところに愛を探していれば、成長の道はきつい上り坂になってしまいます。

好きで何かをしているときに情熱を感じるのは、情熱と愛が同じ「心」から生まれてくるものだからです。

ノーベル平和賞の候補だったベトナムの僧、ティク・ナット・ハンは、「自分の才能を認めるとは、才能を育てられる唯一の場である母なる大地のすばらしさを認めることだ」と述べています。やはり「愛」なのです。

老婆心症候群

才能に愛の性質があるというなら、生まれつきの能力には幸福という性質があると言えます。ところが、その幸福を邪魔するのが、あの「老婆心症候群」です。

私が人の才能や生まれつきの資質を研究するようになってもう10年、主催する自己啓発プログラムの参加者も1000人を超えました。いつも「誰もが幸せになりたがっている」という前提でやっていますが、不思議なことに「幸福とは何か」「どうすれば幸福になれるか」がわかっている人はいません。

しかし、「何が不幸せか」となると全員知っているのです。

不幸の原因を知っているなら、それをやめればいいのです。よく挙がる原因に次のようなものがあります。

- 人からどう思われるかを気にし、憶測する。
- みんなを喜ばせるために生きている。
- 他人と自分を比較する（ほぼ必ず自分より優れた人との比較）。
- 他人からどう扱われるべきか、どう反応されるかをあらかじめ想定している。
- 「いま」を生きようとしていない。

きっとまだまだあるでしょう。この何重にも重なった玉ねぎの皮のような苦しみをはがさなければ、幸せの核心には至れません。

ほかにも、ありのままの私たちになる妨げとなっているのが、先ほどの「老婆心症候群」です。この老婆心症候群というのは、実行しようと意気込んでいる人に、「でも、それは……」と勢いを削ぎ、「人生は厳しい、おまえには無理だ」と諭してくる人のことです。

あのケン・ロビンソンもTEDの講演で「自分は何をしてもダメと思っている人が多すぎる」と指摘しています。自分でダメだと思っていては、人生に立ち向かえず、老婆心症候群の「あきらめなさい、周りと同じでいいじゃないか」という声に従うしかありません。

私たちには、どこか人生には困難がつきものだと思っている節があります。しかし、本当の苦しみというのは、自分自身の能力や資質に対する無知ではないでしょうか。

自分の力を知らなければ、ほんのちょっとした問題でも対処できないと思い込み、パニックになるでしょう。私たちは自分の力を知らなすぎるために、何もかもがとんでもない挑戦のように見えてくるのです。

つまり、自分の力を認めていないから、人生がつまらないものになってしまうのです。自分を信じていないから、自分を無能だと思ってしまうのです。そして、もって生まれた才能を引き出せないから、自分以外の何かに頼らざるを得なくなり、不満になってしまうのです。

それで幸せになれると思いますか？

そのままでは、どんな講座を受けても、いくら素敵な言葉を唱えても、キャンドルを灯す儀式をしても、聖母マリアに祈っても同じです。最高の自分を発揮するという責任を果たさないかぎり、新しい何かは決して起こりません。逆に、最悪の場合は被害者意識に陥り、すべて他人のせいにしてしまうかもしれません。

あなたも「私のせいではないのに」と思ったことはありませんか？

成功について

この「最高の自分を発揮する」責任を引き受けると、すべてが変わります。自分の才能を認めたあなたは、もう受け身のままの犠牲者ではなく、人生を積極的に生きる人になっているからです。

頼りにするのは自分。もう誰にも依存せず、状況のせいにもしません。言い訳もなくなります。唯一信頼できるところから答えが得られるのですから。あなたの内から出てくる答え、それはあなた自身なのです。

さて、その答えはどのように返ってくるのでしょうか？　その答えを得るには、才能は自分だけのものでなく、人類全体のものだと認め、その力をみんなのために使わなくてはなりません。

宇宙は、私たちが豊かに生きられるように、と才能を授けてくれました。しかしその豊かさは、人と共有するときにしか実現しません。私たちの才能は、宇宙の豊かさと同じく本来の自分という原初的なところからやってくるものだからです。この才能というギフトを人と分かち合うとは、つまらない仕事をしぶしぶするのとはまったく違います。自然に湧いてくる熱意によってしか起こらないものなのです。


私の主催するジーニアスタイプ開発プログラムのマスタークラスで経済学者のエミリオ・カリージョが話してくれたのですが、「熱意（enthusiasm）」の語源はギリシア語で「自分のなかに神が宿る」という意味なのです。才能が自然に現れるのは、あなたのなかの神が大きくなって現れてくるからなのです。

もしかすると私たちは「熱意」が起こす奇跡によって、人生を慈しんだり、情熱を感じたり、快感という幸福を得たりしているのかもしれません。幸福とは、才能によってもたらされる豊かさですが、それは金持ちになることではありません（それは貧しい人の目標です）。逆説的に聞こえるかもしれませんが、強欲に陥ると、お金では幸せにはなれず、どこまでも満足できません。

これはお金を大切にしないという意味ではありません。私たちはどこか無意識にお金は有害だと考える節がありますが、それ自体はよくも悪くもない、使い方次第のものです。

お金を敵視するのはやめましょう。お金は、情熱がうまく生かされた結果であり、エネルギーの流れにすぎません。情熱が富になるのは、最高の自分を発揮し、命を最大限に震わせ、それによって自分が成長し、問題を解消するから、それが豊かさになって返ってくるのです。ただし、豊かさは結果であって目的ではありません。

みんなの共通の目的のために働くとき、大勢の困難を解消し、その結果として自分が変わるのです。人の「成長」とは、自分の内外の問題を解決するために、自分のなかに創意工夫を求めた結果の才能の伸びにほかならないのです。それは、自覚的に「人生の目的を果たす」ことでもあります。その内なる創意工夫こそがあなたのジーニアスタイプ、あなたのジーニアスなのです。

自分の資質を使える人はすばらしい人になり、自分の能力を隠しもつ人は霞んでしまいます。多くの人は情緒の失調はここから生じるのだと気づいていないようです。

これを理解するために、ちょっと想像してみましょう。あなたの内には雛鶏がいます。その雛鶏が卵を産みたいのに産めない様子を想像してみてください。どんな気分ですか？


さあ、今度は卵を才能に置き換えてみましょう。

雛鶏が卵を産めないのは感心しませんね。自分の才能を知らずにいる人もそうです。「才能は具体化しないと見えないのよ」とスペインの美術作家ローラ・カブキも忠告しています。

隠れた才能

私たちのなかにはずっと待機している天才（ジーニアス）がいる、と言いましたが、ここではその「才能」と「時間」との関係についてお話ししましょう。

15 才能と人生

私は一時、忙しさのあまりピアノへの興味が失せ、何年も弾かずにいた時期がありました。ところが、あるときピアノに向かうと不思議な魔法が起きました。一切力むことなく、それまでで最高の曲を作り上げていたのです（YouTubeに「alma（心）」という曲名でアップしています。ぜひお聴きください）。

この経験から私は、能力開花（エンパワーメント）と自己認識は、才能を通じて行うのがいちばん簡単だと知ったのです。理由は3つあります。

- 才能の開花に「力み」は要らない。
- それに向かうと不思議な魔法が起きる。
- 恐怖心がない。

才能は私たちに標準装備されています。愛や感情、本能や直感と同じように自然なものなのです。ところが才能とは違って、愛は傷つかないかと不安になり、感情は恐れて心に従わず、本能はコントロールを失うのではと危惧し、直感は間違っていないか怖がるのです（「老婆心」の出番です）。人間の自然で本質的なものは、変化やその影響を恐れるものなのです。

愛や感情、本能、直感による成長が困難なのはそのせいです。しかし、才能だけはそうではありません。才能は唯一恐怖をもたない生来のギフトなのです。

趣味でピアノを弾くとき、恐怖もなく責任の発生もなく、ただ弾くのを楽しんでいます。そのときの自分をよく観察してみると、才能を見つけるための重要なヒントがわかるのです。

才能は情熱につながります。そして、情熱を燃やして能力や技能を高めようとしているとき、時間は消えてなくなります。そう、才能は時間とは無縁の宇宙からの贈り物なのです。私が自分の才能を伸ばしつつあるとき、時間は消え、はてしなく「いま、ここ」を体験しているのです。

さあ、自分の才能をつきとめたら、今度はその才能を通じてさらに自分自身を知ることができます。自分が心地よく楽しんでいるものを知り、その糸をたどって自分の人生に不要なものを1つずつ捨てていけばよいのです。

つまり、努力などではなく、子どもの頃からあった、恐怖心なく、ただ心を躍らせていた能力を通じて自分自身に到達すればよいのです。

ここまでくれば、あとは生来の力を解き放つのは簡単です。私たちはいっそう豊かになり、さらに大きな自信をもてるようになります。自分の思いがわかるようになり、不要な思い込みを捨てていけます。それがすっかり終わったとき、自分の情熱に力を注いでいけるようになるのです。じつはその情熱こそ、自分がこの世に生まれてきた目的なのです。

私たちのなかには、発見されるのを待っている天才(ジーニアス)がいます。「もう遅すぎるかもしれない」と思っている人もいるかもしれませんが、もって生まれてきたものは、涸(か)れてなくなったりしません。愛と同じように、才能には年齢も時間もなく、時代を超え、私たちが生きているかぎり生き続けます。

年齢は問題ではありません。歴史がそう教えてくれています。ダニエル・デフォーが『ロビンソン・クルーソー』を書いたのは60歳前でした。セルバンテスが『ドン・キホーテ』を出したのは58歳のときでした。

ゆでガエルの話

オリヴィエ・クレールの「ゆでガエル」の話はきっと聞いたことがあるでしょう。カエルは、沸騰したお湯に入れると飛んで逃げ出しますが、水に入れ、ゆっくり温めていくと、気づかないうちにゆであがってしまうという話です。それはまるで、自分のしていることを楽しめずにいる人たちが、その嫌な気分でゆっくり加熱され、手遅れの状態になって初めて「人生を無駄にした」と気づくのに似ています。

そのようにうっかりゆであがったりしないよう、自分の長所を大切にし、恐怖にうち勝って進まなくてはなりません。ぬるま湯から抜け出すのです。家族との衝突や、既成概念の打破が必要かもしれません。しかし、それもすべて自己成長という大きな旅の一部なのです。

現在、どんな仕事も生き方も、こうすれば安全というものがありません。世界の変化もこれまでになく急速です。だからこそ、未来の希望は、私たちの力で新たな局面を切り拓き、人類の新しい方向性を生み出すことにあると言えます。

想像してみてください。

自分が何者で、なぜここにいるかがはっきりわかっている。お金を敵視せず、自分にも人々の人生にも豊かさをもたらそうと力を注いでいる。そして、私たちの献身の結果もたらされるエネルギーの源がお金である。そんな世界を想像してみてください。それは決してユートピアではありません。人と人が価値あるものを生み出し互いに提供し合うからこそ人生のあらゆる場面が豊かになるのです。


イギリスの思想家オルダス・ハクスリーは、「才能は交換できない」と言いましたが、まさにそのとおりです。自分の才能を発揮すること以上に満足をもたらし、人生に価値を与えてくれるものはありません。

最後に、人生という贈り物に添えるぴったりのすばらしい言葉を紹介しましょう。コラムニストのエルマ・ボンベックの言葉です。

「いつか人生を終えて神の前に立つ日、私はこう言いたい。才能はひとつ残らず使い果たしました、と」

あとがき──ジーニアスタイプの輪

宇宙で起きるすべてには深慮遠謀の目論見があるものです。自然はまるで正確な時計のようで、すべてのものに意味があり、秩序があり、自然な姿があり、少し探ればそれらの目的は実にはっきりしています。

ジーニアスタイプは、9つすべてのタイプが必要であり、宇宙を動かす精巧な輪のようにそれぞれのタイプが補完し合っています。もし生きることをこれと同じように、私たち全員からなるひとつの統合体としてとらえたなら、個人の意識から共通の目的へと歩み出せるでしょう。

つまり、もし教師たちが自分のジーニアスタイプ〈インフィニティ〉を自覚したなら、教えている子どもたちから最高のものを引き出してやり、いまの時代錯誤的で明らかに失敗している教育システムを離れられるはずです。

もし子どもたちが、ジーニアスタイプの観点で自分が理解されていると感じ、自分の才能を開花する能力や資質を伸ばしていけるなら、フラストレーションなどかかえずに自らの光で輝き活躍するはずです。子どもたちは自分が世界の一員であると感じ、世界をよりよいものにするため最大限に才能を生かして貢献してくれるでしょう。こうして自覚され、生かされた才能が集まれば、人類の豊かさは何倍にも増大するはずです。

具体的には、次のようになるでしょう。


〈インフィニティ〉は、人の才能を最大限に引き出すために教育する。人生の師。

〈スクエア〉は、社会が混乱に陥らないよう、現実的に筋道を立て全体を運営する。

〈エリプス〉は、夢を生み出し、人々に想像力をもたせる。文化や芸術を提供する。

〈トライアングル〉は、メッセージが社会全体にいきわたるよう、清廉潔白な交渉をする。

〈サークル〉は、無条件の愛で小さなことから世界を変え、波動を高め生きやすくする。

〈レクタングル〉は、人が基本的に必要とするものを、愛と幸福をもって与える。

〈ペンタゴン〉は、あらゆる分野の進化を理解し、人々の生活をより快適なものにする。
〈ランバス〉は、人が死の恐怖を克服できるよう助け、最後の旅に寄り添う。
〈スター〉は、天賦の才で世界を照らす。

誰もが愛で行動し、みながひとつになったなら、「我」も「汝」もなく、外界に規範を求める必要もなくなるでしょう。9つのジーニアスタイプが調和し、輪になって、生きることは美しいものになり、個人としても集団としても自己の実現が果たされます。ひとりひとりが宇宙のなかに居場所をもち、それは決して押し付けではなく、それぞれの天才性のうえに成り立つものになるはずです。

私も天才ならあなたも天才であり、言い負かす必要もなければ承認をもらう必要もない。私たちは共通の幸福のため協力し合っていくようになります。

もしかすると、ただの空想のように思われるかもしれません。しかし、私たちの神経組織ではこれと同じことが起こっているのです。神経解剖学者のサンティアゴ・ラモン・イ・カハルは、脳で重要なのは個々の神経細胞よりも細胞間で行われるコミュニケーションであると発見したのです。

これは、いわゆる「解体して統合せよ」の原理とも言えます。神経細胞はそれぞれの個体として機能と生命をもち、脳もその多様性を必要としているのが「解体」、細胞は基本的に相互に依存しており、脳はその一体化を必要としているのが「統合」だと思うのです。

哲学者ミゲル・デ・ウナムーノは、「いまの自己を放棄せず」大いなる全体と一体化することを願ったといいます。あなたがこの本を読み、自分のものにしていくなら、その言葉を実現する大きな一歩になるでしょう。あなたはいま、肯定的な進化を遂げるための新しい道具を手にしているのです。これは自分の内なる可能性を信じ、日々人生を慈しむための道具なのです。

ドイツの学者ヴィルヘルム・フォン・フンボルトは、いまから200年ほど前に「この世に生きる者の真の目的とは、幸福などではなく、個々の人間のもつ才能の萌芽をすべて育ててやることだ」と述べています。これを引き受けることは、人間の真の革命です。

私たちはデカルトの「我思う、ゆえに我あり」という観念的な公理を超え、「私の感覚が告げている、だから私はそうなる」と発展させたほうがいいと思うのです。ずっと力強く、変化をもたらしてくれるのではないでしょうか。

存分に充実して生きるため、情動を十分に生かしていきましょう。私たちにはできるはずです。

この冒険を一緒に歩んでくれることに心から感謝します。

ナマステ

トニー・エストゥルク

謝辞

ある晩、私は妻にこう言いました。「いつか、このジーニアスタイプの研究を多くの人に知ってもらいたい。きっと大勢の迷っている人の力になるはずなんだ」

あれは、2019年11月上旬でした。

それから約2カ月後、私は出版契約をしていました。いまでもどんな魔法が起きたのか見当もつきません。ずっと研究のことばかり考え、本になるとは思ってもいなかったのです。何と言ったらよいかわかりませんが、まず人生に感謝します。以前から運命は理屈ではないと知っていました。けれども、この話が出てから出版契約までの2カ月間に、宇宙が「理屈ではない」と言っていると思い知らされたのです。

おとぎ話と同様、この話にも3人の重要な登場人物がいます。

1人めは、出版エージェントのサンドラ・ブルーナ。信じて賭けてくれたことに感謝します。そして何より、〈サークル〉をアセンダントにもつ〈トライアングル〉らしく、直感に従ってくれたことに感謝します。大手出版のプラネタグループでゴーサインが出たとの電話を運転中に受けたとき、私は思わず涙が出ました。

そして、編集者のロシオにも、引き受けてくれたことに感謝します。その「イエス」の一言が私の人生を大きく変えるものになりました。同じ出版エージェント、ディアナ社から出ている作家の錚々たる顔ぶれには言葉を失います。心から感謝します。

すべてのおとぎ話には妖精が登場しますが、この物語の妖精は男性です。その妖精との出会いは「瞑想大会」のカメラ越しの会話でした。そのときの様子は、本書の「はじめに」に彼自身が書いてくれたとおりです。その後、私は2つの考えについて彼に意見を求めました。すると「もちろん、ジーニアスタイプに賭けたらいい」と答えが返ってきたのです。

さらに、後日お茶でも飲みましょうと誘われ、二つ返事で約束したのでした。この妖精に会うのはそれが2回めでした（最初は瞑想大会のカメラ越しの10分間の会話のみ）。そこでまた私は驚かされたのです。彼はティーショップ（アルマンドさん、いつもお世話になり感謝しています）に入ってくると、私にハグをくれ、テーブルの向かいに座りました。私にいくつか質問して「もしよければ、大手の出版エージェントにジーニアスタイプの本を出版するように声をかけてみますよ」と言ってくれたのです。驚いた私は、隠しカメラでもあるのではないかと探しながら、半信半疑で尋ねました。「でも、どうすればいいのでしょう？　本はまだ書き始めてもいないんです」と。妖精はやさしくこう言いました。「心配いりませんよ、私がついています」

フランセスク・ミラージェス、あなたに話していないこと、あなたに隠していることなど何ひとつありません。初めはあこがれだったあなたが、私の師になり、メンターになり、ガイドになって……もちろんいまもそれは変わりませんが、親愛なる友人になったのです。また一緒にギターを弾きましょう。

誰ひとり取り残さずに、というのは難しいものです。1冊の本には、人生という舞台のさまざまな出演者との小さなエピソードが数多く詰まっています。この研究を知りたい人がいるかもしれないと最初に気づかせてくれたのは、友人のアベル・ジャズでした(ありがとう！)。そして、このチームに集まってきてくれたメンバーには本当に感謝しています。あなた方がいなければ、このライフワークともいえる仕事はできなかったでしょう。そして、応援してくださったみなさん、特にいつも温かく見守ってくれた家族に感謝します。兄弟姉妹や、おい、めい、義理の兄弟姉妹、いとこの全員に感謝します。大きな愛をくれ、〈サークル〉の土台を教えてくれた母に感謝します。

子どもは生まれるとき、幸運をもってやってくると言われています。私の初の著書が出たのは、娘が生まれた2カ月後でした。そして、ちょうど1年後に2冊めの出版契約にサインしたのでした。

ナヒカリよ、いつか話してやろう。おまえの遊んでいたおもちゃが歴史を変えたんだという話を。でもそれはおまえと私、そしてママとの秘密だよ。

そう、娘の母であり、私の生涯の恋人である彼女がすべてを知っています。「トニー、ジーニアスタイプは、間違いなくあなたのものよ」と最初に教えてくれたのが妻でした。コリー、きみがそう言ってから、私がこの原稿を出版社に預けるまでのあいだ、僕ときみには娘が1人いた。いまから24時間前に2人で誓ったことは、私たち2人にとって永遠に美しい思い出になる。きみならわかってくれると思う。愛しているよ。

ナマステ

参考文献

Bolinches, A., *Amor al segundo intento*, Urano, Barcelona, 2019.
『人を動かす』D・カーネギー著、山口博訳、創元社、2016年
Cases, F. Teller, S., *El cerebro de la gente feliz*, Grijalbo, Barcelona, 2021.
『フロー体験　喜びの現象学』ミハイ・チクセントミハイ著、今村浩明訳、世界思想社、1996年
Estruch, T., *Los secretos para dejar de sufrir*, Letrame, Madrid, 2020.
『食べて、祈って、恋をして　女が直面するあらゆること探究の書』エリザベス・ギルバート著、那波かおり訳、武田ランダムハウスジャパン、2009年
『天才！　成功する人々の法則』マルコム・グラッドウェル著、勝間和代訳、講談社、2009年
『金持ち父さん　貧乏父さん』ロバート・キヨサキ、シャロン・レクター著、白根美保子訳、筑摩書房、2000年
『外国人が見つけた長寿ニッポン幸せの秘密』エクトル・ガルシア、フランセスク・ミラージ

エス著、齋藤慎子訳、エクスナレッジ、2017年
『聖なる予言』ジェームズ・レッドフィールド著、山川紘矢、山川亜希子訳、角川文庫、1996年
『才能を引き出すエレメントの法則』ケン・ロビンソン、ルー・アロニカ著、金森重樹監修、秋岡史訳、祥伝社、2009年
Rosario, D. Del, *El libro que tu cerebro no quiere leer*, Urano, Barcelona, 2019.
『あなたにとって一番大切なもの　フェラーリを手放して、お坊さんになった男』ロビン・S・シャーマ著、鈴木智草訳、PHP研究所、2004年
『さとりをひらくと人生はシンプルで楽になる』エックハルト・トール著、あさりみちこ訳、飯田史彦監修、徳間書店、2002年

この本で覚えておきたいこと

〈訳者紹介〉

山本朝子（やまもと・あさこ）
美術家・翻訳家。美術系大学卒業後、メキシコへ渡り日本語教師・社内通訳・翻訳者として働く。現在、石川県金沢市を中心に活動中。

〈著者略歴〉

トニー・エストゥルク（Tony Estruch）
1981年生まれ。音楽家。19歳のときに３つの音楽関係の会社を興す。100名を超える関係者集団を観察するなかで、自身の経営管理者およびアーティストとしての経験を下敷きにジーニアスタイプの研究を開始し、以後10年にわたり人間の成長について専門家の協力を得て研究を続けてきた。
Instagram：@tonyestruch
ホームページ：tonyestruch.com

あなたの中の「天才」の見つけ方
人生を最適化する9つのジーニアスタイプ

2023年2月2日　初版発行

著者／トニー・エストゥルク
訳／山本 朝子
発行者／山下 直久
発行／株式会社KADOKAWA
〒102-8177　東京都千代田区富士見2-13-3
電話　0570-002-301（ナビダイヤル）
印刷所／凸版印刷株式会社

●お問い合わせ
https://www.kadokawa.co.jp/（「お問い合わせ」へお進みください）
※内容によっては、お答えできない場合があります。
※サポートは日本国内のみとさせていただきます。
※Japanese text only

定価はカバーに表示してあります。

ISBN 978-4-04-606106-5　C0030